Kari Jormakka
mit Oliver Schürer und
Dörte Kuhlmann

Methoden der Formfindung

Kari Jormakka
mit Oliver Schürer und
Dörte Kuhlmann

Methoden der Formfindung

BIRKHÄUSER
BASEL

Inhalt

Vorwort

Entwerfen ist ein heterogener Prozess – Ansätze, Strategien und Methoden im Entwurf sind oft durch eigene Erfahrungen, soziokulturelle Hintergründe sowie technische und ökonomische Rahmenbedingungen geprägt. Entwerfen ist einerseits eine individuelle Schaffenskraft, andererseits lassen sich methodische Grundzüge erkennen, die gewisse Grundhaltungen und Verfahren widerspiegeln.

Aufbauend auf den Band *Basics Entwurfsidee,* der sich vor allem auf die Inspiration und den ersten Anreiz zu einem beginnenden Entwurfsprozess konzentriert, untersucht dieses Buch jene Entwurfsmethoden, die mehr oder weniger regelgesteuert sind und nicht primär auf Intuition basieren. Ziel der Autoren ist es, den Lesern mögliche Vorgehensweisen an die Hand zu geben und dazu anzuregen, sich mit bekannten Konzepten und Architekten eingehender zu beschäftigen. Es werden methodische Ansätze aus der Natur und der Geometrie, aus der Musik und der Mathematik, aus unbewussten und rationalistischen Quellen bis hin zu generativen Prozessen beschrieben. Konkrete Beispiele bekannter Gebäude erläutern jede Methode: Grundrisse und Schnitte werden analysiert und die Herleitung einer spezifischen Lösung durch die Entwerfenden illustriert. Da sich das didaktische Konzept dieses Bandes abweichend von den anderen Bänden der Reihe weitgehend anhand von Beispielen aus der Architekturgeschichte entwickelt, wird zugunsten des roten Fadens dieses Essays bewusst auf einige typische Stilelemente der Reihe verzichtet.

Angepasst an den Entwicklungsfortschritt im Architekturstudium richtet sich *Basics Methoden der Formfindung* vor allem an fortgeschrittene Architekturstudierende und Absolventen, die sich mit der Thematik des methodischen Entwerfens vertieft beschäftigen möchten. Die Zielsetzung dieses Buches besteht dabei nicht darin, eine bestimmte Entwurfsmethode zu propagieren, sondern eine Reihe praktischer Entwurfswerkzeuge anzubieten, die je nach Bedarf für die Lösung einer Entwurfsaufgabe verwendet werden können.

Bert Bielefeld, Herausgeber

Einleitung

Die meisten Dichter geben vor, dass der Ursprung ihrer Werke in einer ekstatischen Intuition liege und sie sich mit Haut und Haaren dagegen sträuben würden, ihre Leser einen Blick hinter die Kulissen werfen zu lassen – das jedenfalls behauptet Edgar Allan Poe in seinem 1846 publizierten Essay „The Philosophy of Composition". Anstatt den schöpferischen Akt zu mystifizieren, offenbart Poe freimütig, wie er sein berühmtestes Gedicht, *The Raven*, komponierte. Mit seinen detaillierten Ausführungen macht er deutlich, dass nichts an dem düster-romantischen Gedicht auf Zufall oder Eingebung beruht, sondern dass das Werk bis zu seiner Vollendung Schritt für Schritt mit der Präzision und der strengen Folgerichtigkeit eines mathematischen Beweises zu Papier gebracht wurde.

Poes Kompositionsmethode hat später nicht nur viele Schriftsteller, Komponisten und Künstler, sondern auch Architekten inspiriert. Doch warum sollte man sich einer spezifischen Methode bedienen, um zu einem architektonischen Entwurf zu gelangen? Manche Architekten meinen, wir benötigten eine solche Methode, da die Probleme heute viel zu komplex seien, um durch pure Intuition oder überkommenes Wissen gelöst werden zu können. Andere wieder glauben, eine „richtige" Methode werde es ihnen ermöglichen, objektiv richtige Entscheidungen zu treffen. Schließlich gibt es noch diejenigen, die rigorose Methoden empfehlen, um zu verhindern, dass sich die Persönlichkeit des eitlen Architekten in seinen Bauwerken spiegelt und die Architektur mithin zur Privatsprache oder zu einer gedankenlosen Reproduktion vertrauter Modelle wird. Manche avantgardistischen Methoden spielen mit der Idee, die Rolle des Architekten einzuschränken, indem bestimmte Entscheidungen dem Zufall überlassen werden, während andere die zukünftigen Benutzer in den konkreten Entwurfsprozess einbeziehen.

In diesem Buch werden verschiedene architektonische Entwurfsmethoden anhand exemplarischer Beispiele untersucht, um die Stärken und die Schwächen der jeweiligen Methode herauszuarbeiten. Viele dieser Methoden sind erst in den letzten Jahrzehnten entwickelt worden, während andere schon seit Jahrhunderten zum Rüstzeug der Architekten gehören. Obwohl viele Theoretiker den Anspruch erhoben haben, eine universelle, weltweit auf buchstäblich alle Gebäude anwendbare Methode zu präsentieren, gibt es guten Grund zu der Annahme, dass keine Methode zu der einzig richtigen, für *jede* Aufgabe geeigneten erklärt werden kann. Deshalb ist es wichtig, eine Methode auszuwählen, die am ehesten dazu in der Lage ist, die Herausforderungen eines bestimmten Auftrags zu bewältigen. Eine Methode ist jedoch keine Maschine, die architektonische Probleme automatisch löst: Sie erleichtert die konkrete Arbeit an der Lösung von Entwurfsherausforderungen, ersetzt diese Arbeit aber keineswegs.

Natur und Geometrie
als maßgebliche Einflüsse

BIOMORPHE ARCHITEKTUR

Ursprünglich bezog sich die Frage nach einer Entwurfsmethode auf die Erzeugung von Formen. Ein zentraler Aspekt der Moderne war die Überzeugung, dass die Formen der historischen Architektur nicht mehr dem Zeitgeist entsprächen: Die alten Stile waren zu einer unmoralischen, anachronistischen Maskerade entartet, die die Kreativität der Architekten behinderte, reaktionäre und somit verlogene Botschaften vermittelte und den Herausforderungen der neuen sozialen und technischen Entwicklung nicht mehr gerecht wurde.

Wie der Architekt und Theoretiker Claude Bragdon 1915 bemerkte, entdeckten die Architekten, die sich der Moderne verschrieben, drei wesentliche Quellen für eine neue architektonische Sprache: Originalgenie, Natur und Geometrie. Das Vertrauen in die persönliche Genialität manifestiert sich zum Beispiel in Antoni Gaudís Casa Milà (1907) in Barcelona und in August Endells Photo-Atelier Elvira (1897) in München. > Abb. 1 und 2

Viele Architekten fanden jedoch, dass derlei Experimente zu subjektiv und zu versponnen waren, um an die Stelle der alten Autoritäten treten zu können. Sie wollten die Architektur auf eine Grundlage stellen, die universeller war als die Kapricen eines einzelnen Entwerfers, aber zugleich auch zeitloser als die sich ständig wandelnden Moden und allgemeiner als ortstypische Gewohnheiten. Das Studium der Natur lieferte Modelle, die verständlich und, ungeachtet historischer und politischer Besonderheiten, in unterschiedlichen Gesellschaften gültig waren. Die

Abb. 1: Antoni Gaudí, Dachlandschaft der Casa Milà, Barcelona

Abb. 2: August Endell, Fassade des Atelier Elvira, München

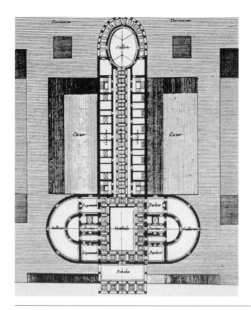

Abb. 3: Claude-Nicolas Ledoux, Grundriss eines Bordells (Projekt)

Geometrie wiederum versprach Zugang zu den allgemeinen Ordnungs-prinzipien und Gesetze des Denkens, die noch weit weniger veränderbar waren. Daher orientierten sich die Architekten der frühen Moderne häu-fig an Modellen, die sie aus der Natur oder aus den Wissenschaften be-zogen, wenn sie neue Formen für Gebäude finden wollten. Auf diese Weise glaubten sie, die Imitation historischer Vorläufer vermeiden zu können.

Viele historische Ornamente waren den Formen von Pflanzen oder Tieren nachempfunden: Das klassische korinthische Kapitell weist Akan-thusblätter auf, während das klassische Bukranionornament die Form eines Ochsenschädels hat. Gegen Ende des 18. Jahrhunderts trieben be-stimmte Architekten diese Idee bis zum Extrem, als sie eine „l'architec-ture parlante" propagierten, eine „sprechende Architektur", die sich mehr oder weniger direkt auf die Objekte bezog, für die das Bauwerk gedacht war: Jean-Jacques Lequeu entwarf eine Molkerei in Form einer Kuh, und Claude-Nicolas Ledoux gab dem Erdgeschossgrundriss eines Bordells die Form eines Phallus. > Abb. 3

Die Verwendung solcher ikonischer Zeichen sollte eine natürliche Sprache der Architektur hervorbringen, welche die Funktion der Gebäude durch die Jahrhunderte hindurch und überall auf dem Globus verständ-lich machen sollte, doch die radikaleren Entwürfe der „sprechenden Architektur" wurden nie verwirklicht.

Trotzdem kam es gegen Ende des 19. Jahrhunderts zu einer Wieder-belebung des Organizismus. So entwarf Hendrik Petrus Berlage 1905

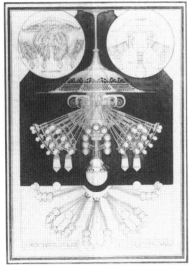

Abb. 4: Hendrik Petrus Berlage, quallenförmige Lampe

Abb. 5: Hector Guimard, Métroeingang in Paris

einen Lüster in Form einer Qualle, wie sie in Ernst Haeckels *Kunstformen der Natur* abgebildet war. Und etwa zur gleichen Zeit imitierte Hector Guimard bei seinen Entwürfen für die Eingänge der Pariser Métro die Formen von Blumen und Insekten. > Abb. 4 und 5

Der Mystiker Rudolf Steiner – im frühen 20. Jahrhundert Gründer der Anthroposophischen Gesellschaft und als Autodidakt auch Künstler und Architekt – scheint bei seinem Entwurf für das Heizwerk der im schweizerischen Dornach angesiedelten Anthroposophenkommune die Metaphern vermischt zu haben, denn er kombinierte Pflanzenblätter mit einer im Großen und Ganzen phallischen Form. Ein anderer expressionistischer Architekt jener Zeit, Hermann Finsterlin, orientierte sich bei seinen extrem idiosynkratischen und nicht realisierten Entwürfen aus den frühen zwanziger Jahren des 20. Jahrhunderts an den Formen von Quallen, Muscheln und Amöben. > Abb. 6 und 7

Auch später haben Architekten hin und wieder auf Formen zurückgegriffen, die explizit an Pflanzen oder Tiere erinnern. Ein Beispiel dafür ist die von Eero Saarinen entworfene TWA-Abfertigungshalle (1962) des JFK International Airport in New York: Um seine Funktion als Eingangspforte zu den Flugzeugen zu versinnbildlichen, ist der Terminal wie ein Vogel geformt, der den Eindruck erweckt, er könne sich jeden Moment in die Lüfte erheben.

Solche Entlehnungen aus der natürlichen Welt sind aber auch kritisiert worden. Anstatt die Formen als solche zu imitieren, haben viele Architekten dafür plädiert, die Natur auf eine abstraktere Weise nach-

Abb. 6: Rudolf Steiner, Heizhaus in Dornach

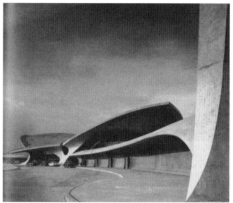

Abb. 7: Eero Saarinen, TWA Terminal in New York

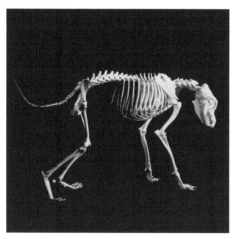

Abb. 8: Hundeskelett

**Abb. 9: Santiago Calatrava, Tragstruktur nach Vorbild
eines Hundeskelettes (Projekt)**

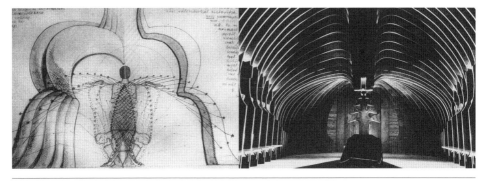

Abb. 10: Imre Makovecz, Farkasrét-Kapelle in Budapest

zuempfinden. Bereits das älteste uns bekannte Werk zur Baukunst, das aus zehn Büchern bestehende *De architectura* (ca. 46–30 v. Chr.) des römischen Architekten Vitruv, empfahl, bei Bauwerken menschliche Proportionen zu Grunde zu legen, allerdings ohne dabei die spezifischen Formen des menschlichen Körpers zu imitieren. Später haben Architekten häufig Organismen untersucht, um optimale Bauformen zu entwickeln. So hat sich Santiago Calatrava bei dem von ihm entworfenen Anbau für die Kathedrale St. John the Divine in New York (Wettbewerb 1992) von einem Hundeskelett inspirieren lassen. Die endgültigen Formen repräsentierten eine Synthese von zwei wesentlich unterschiedlichen Überlegungen: einerseits die Evokation der Naturformen, andererseits die konstruktive Leistung der Gewölbe. > Abb. 8

Die Friedhofskapelle (1975) in Farkasrét, Ungarn, von Imre Makovecz illustriert eine andere Art, organische Formen in einer architektonisch sinnvollen Art und Weise zu verwenden. Die kleinmaßstäblich gegliederte Dachkonstruktion wurde aus Chronofotografien abgeleitet, auf der Makovecz seine Arme auf und ab schwenkte.

Hier bewahrt die fotografische Technik bestimmte Eigenschaften des menschlichen Körpers, nämlich eine komplexe Geometrie und eine Vorstellung von Variation, während sie gleichzeitig ein Bild liefert, das abstrakt genug ist, um als Modell für ein vernünftiges Bauwerk dienen zu können. > Abb. 9 und 10

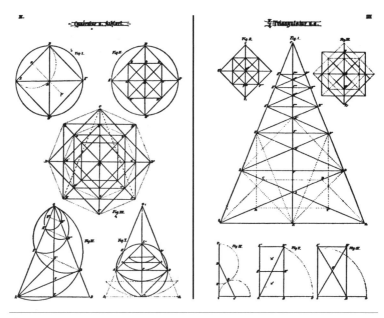

Abb. 11: Hendrik Petrus Berlage, Quadratur und Triangulatur

QUADRATUR UND TRIANGULATUR

Ein anderer Versuch, den Fallstricken der architektonischen Konvention zu entgehen, stützte sich auf wissenschaftliche Modelle und mathematische Verfahren. So arbeitete Berlage bei seinen späteren, ausgereiften Werken meist nicht mit organischen Modellen, sondern mit Proportionssystemen und geometrischen Rastern, um seine Formen präzise zu bestimmen. In seinen Schriften erörterte er „Quadratur" und „Triangulatur", zwei bekannte und aus der gotischen Architektur stammende Methoden. > Abb. 11 und 12

Im Allgemeinen wird Quadratur als eine mathematische Methode angesehen, mit deren Hilfe sich der Flächeninhalt einer planen Figur bestimmen lässt, indem diese in eine Anzahl von Formen zerlegt wird, deren Gesamtflächeninhalt bekannt ist. In der Architektur bezieht sich Quadratur jedoch auf eine spezifische Methode der Verdoppelung oder Halbierung des Flächeninhalts eines gegebenen Quadrats. So kann aus einem Quadrat leicht ein neues, genau halb so großes Quadrat gezeichnet werden, indem die Mittelpunkte der vier Seiten mit Linien in einem Winkel von 45° verbunden werden. Die Triangulatur bedient sich eines ähnlichen Verfahrens, das in der Regel auf einem gleichseitigen Dreieck basiert.

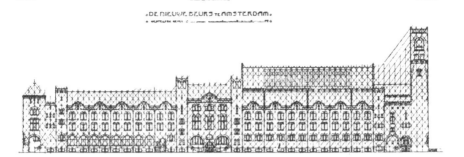

Abb. 12: Hendrik Petrus Berlage, Börse in Amsterdam

Die Architekten der frühen Moderne waren unter anderem deshalb so von Quadratur und Triangulatur fasziniert, weil diese Entwurfsmethoden im Mittelalter zu den sagenumwobenen „Geheimnissen der Freimaurer" gehört hatten. Die Architekten der Gotik verwendeten sie in erster Linie aus praktischen Gründen. Die von Baustelle zu Baustelle ziehenden Maurer und Steinmetze konnten keine Maßstabszeichnungen benutzen, da es damals kein allgemeingültiges Maßsystem gab – die Länge eines Fußes zum Beispiel variierte von Land zu Land, ja mitunter sogar von Stadt zu Stadt. Deshalb bedienten sie sich der Geometrie, um die Gebäudemaße ohne einen Zollstock aus einer maßstabslosen Zeichnung abzuleiten. Obwohl Quadratur und Triangulatur im Grunde nur ein Notbehelf waren, brachten sie eine erstaunlich komplexe und in ihren Proportionen auch sehr harmonische Architektur hervor.

Louis Sullivan, einer der Wegbereiter der modernen Architektur, erläuterte seine geometrischen Methoden in dem 1924 erschienenen Buch *A System of Architectural Ornament.* Er begann mit einem einfachen, von diagonalen und rechtwinkeligen Achsen durchzogenen Quadrat, das er anschließend mit Hilfe von Quadratur und anderer geometrischer Operationen weiter bearbeitete, bis sich nach und nach grazile Blütenmotive ergaben, die am Ende das gesamte ursprüngliche Quadrat bedeckten. Darüber hinaus glaubte Sullivan in diesen organischen Formen ein weibliches Prinzip zu erkennen, das sich aus dem dominanten männlichen Prinzip der geometrischen Ordnung herausschälte. Die transzendentale Vorstellung, dass das Leben aus solch gegensätzlichen Kräften entstehe und das Universum auf einem dualistischen Fundament beruhe, bildete die konzeptuelle Grundlage für seine ornamentalen Entwürfe. > Abb. 13

Auch wenn spätere Vertreter der Moderne mit solchen symbolischen Interpretationen nichts im Sinn hatten, griffen sie weiterhin oft auf die

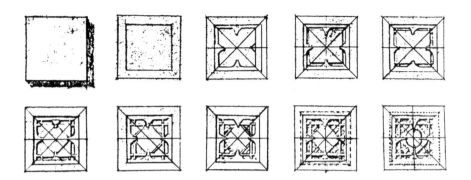

Abb. 13: Louis H. Sullivan, geometrische Ableitung einer organischen Form

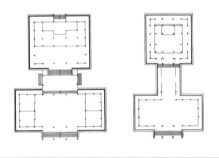

Abb. 14: Frank Lloyd Wright, Unity Temple in Oak Park, Chicago

Abb. 15: Frank Lloyd Wright, Unity Temple, Grundriss

Geometrie zurück. Frank Lloyd Wright, der zu Beginn seiner Karriere als Assistent für Sullivan gearbeitet hatte, fertigte sogar eine Quadratur-Zeichnung als Logo seines Büros an. Wright betrachtete die Geometrie allerdings nicht als Ausdruck eines transzendentalen Symbolismus, sondern vielmehr als Hilfsmittel, um sich von dem, wie er fand, erstickenden Einfluss der europäischen Architektur zu befreien und etwas genuin Amerikanisches zu schaffen. Sein frühes Meisterwerk, der Unity Temple (1906–08) in Oak Park, Chicago, ist dafür ein gutes Beispiel. > Abb. 14 und 15

Üblicherweise erklären Architekturhistoriker den Entwurf dieses Sakralbaus, indem sie auf frühere Gebäude und andere Dinge verweisen, die Wright als Modell gedient haben könnten. So behaupten manche, Wright habe den kubischen Stil des Deutschen Pavillons nachgeahmt,

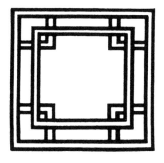

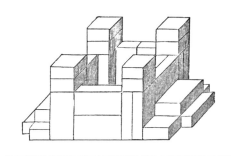

Abb. 16: Arthur Dow, Ornamentstudie

Abb. 17: Friedrich Fröbel, Spielzeughaus aus Holzklötzen

den Peter Behrens für die Weltausstellung 1904 in St. Louis entworfen hatte; andere wiederum meinen, er habe die Grundrisstypologie > Kap. Reaktionen auf den Bauplatz, Regionalismus des Nikko Taiyu-in-byo oder anderer im Gongen-Stil gebauter japanischer Tempel übernommen. Tatsächlich bestehen Wrights Kirche wie auch diese nicht christlichen Tempel aus zwei größeren, durch ein untergeordnetes Element verbundenen Baumassen – eine mit einem beinahe quadratischen Grundriss, die andere ein längliches Rechteck. > Abb. 16

Andere Architekturkritiker behaupten, der Entwurf beruhe auf den Kompositionsprinzipien der japanischen Kunst, wie sie der Maler Arthur Dow bei seinen Werken verwendet hatte. Wright selbst hingegen deutete an, der Entwurf des Unity Temple sei von Fröbel-Bauklötzen inspiriert worden, einem Baukasten, mit dem er als kleiner Junge gespielt hatte. > Abb. 17

Obwohl all diese Ideen irgendwie plausibel erscheinen, erklären sie immer nur bestimmte Aspekte des Entwurfs. Hier erweist sich eine geometrische Analyse des Gebäudes als hilfreich.

1928 publizierte Wright ein analytisches Diagramm, in dem er angab, dass der Tempel und das angeschlossene Gemeindehaus unter Verwendung eines Rasters mit dem Modul von 7 Fuß (213 cm) geplant worden waren. Die Positionierung der Fenster und Oberlichter sowie einige andere Details korrespondieren eindeutig mit diesem Raster, doch die größeren Baumassen lassen sich nur schwer damit in Einklang bringen. Um diese zu verstehen, muss ein anderes modulares Raster rekonstruiert werden, das auf einer Unterteilung des zentralen Altarraums in vier Quadranten beruht. > Abb. 19 Dementsprechend definieren die Fensterwände

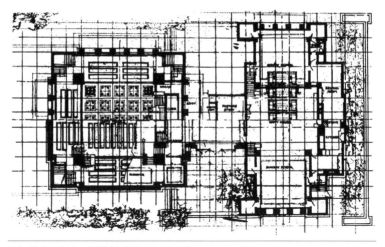

Abb. 18: Frank Lloyd Wright, Unity Temple mit Raster

des Tempels ein Quadrat, das 16 Rastereinheiten umfasst. Die Verbindungsbrücke misst zwei dieser Einheiten, ebenso der zentrale Versammlungsraum, wenn die Kaminwand mit eingerechnet wird. Der dahinter befindliche Nähraum ist eine halbe Einheit tief (a). Tatsächlich basiert der Versammlungsraum auf exakt dem gleichen Quadrat wie der Altarraum, doch befinden sich die Säulen und Wände innerhalb der modularen Linien.

Um das strenge additive Erscheinungsbild zu vermeiden, das häufig ein Nachteil modularer Grundrisse ist, fügte Wright jedoch auch Dimensionen ein, die durch Quadratur erreicht wurden und die mit dem Raster nicht zu vereinbaren sind. So können zum Beispiel die Ecktürme des Tempels hergeleitet werden, indem die Diagonale des zentralen Raumes als Maßstab genommen und um 45° gedreht wird (b). Auf ähnliche Weise entsprechen die Seitenflügel und die Stirnwand des Unity House dem Ausmaß eines Doppelquadrats, dessen Seitenlänge die Diagonale des ursprünglichen Quadrats ist (c). Diese Operationen werden auf jeder Maßstabsebene bis hin zu den Ornamenten angewendet (d). Die Koexistenz unterschiedlicher Gestaltungsprinzipien verleiht dem Entwurf eine besondere Spannung, ohne ihn beliebig oder unverständlich erscheinen zu lassen. > Abb. 18 und 19

Einfacher kann die Fassade einer kleinen Pfarrkirche (1966–78) in dem nahe Bologna gelegenen Riola geometrisch abgeleitet werden. Vielleicht wollte der Architekt Alvar Aalto die heilige Dreifaltigkeit symbolisieren, als er bei seinem Entwurf auf die Methode der Triangulatur zurückgriff. Mit einem Zirkel und Dreieck von 30°, 60° und 90° ist die

Abb. 19: Frank Lloyd Wright, Unity Temple, generative Diagramme zur Herleitung des Entwurfs

Fassade der Kirche mühelos zu erzeugen. ABC ist ein rechtwinkliges Dreieck, dessen Linie AC die Basis beziehungsweise das Bodenniveau darstellt; die Linie AB bildet einen 60°-Winkel mit der Basis und die Linie CB einen 30°-Winkel. Wird ein Zirkel auf Punkt B gesetzt, so kann die Lage der Fenstergaden bestimmt werden, die natürliches Licht ins Kircheninnere lassen: Eine senkrecht von Punkt B zu AC gezogene Linie wird AC bei Punkt D durchschneiden und somit die Lage des ersten Lichtgadens bestimmen; die Wiederholung dieses Vorgangs ergibt dann die übrigen vier (Linien EF, GH, JK), die im Verhältnis der Wurzel aus 3 aufeinander bezogen sind. Wird die Linie GH nach oben bis zum Punkt L verlängert, so ergibt sich eine Linie CL, die einen 60°-Winkel zur Basis bildet; wird eine Linie von L aus auf die verlängerte Basis zum Punkt M gezogen, so vervollständigt diese ein gleichseitiges Dreieck, das die Südwand der Kirche definiert. Der Winkel der inneren Betonbögen lässt sich bestimmen, indem die geometrische Progression entlang der Linie CB um zwei zusätzliche Schritte erweitert wird. Darüber hinaus lassen sich die Kurven der Gewölbe zeichnen, indem der Zirkel auf die Punkte U, V, X und Y gesetzt wird. > Abb. 20

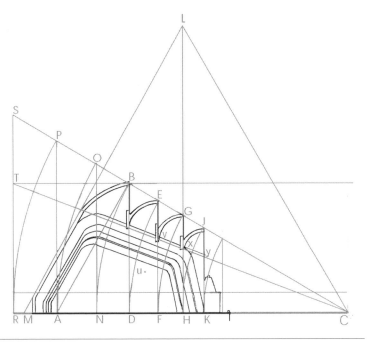

Abb. 20: Alvar Aalto, Kirche in Riola, Konstruktion der Fassade durch Triangulatur

Musik und Mathematik als Modelle

MUSIKALISCHE ANALOGIEN

Die mathematische Struktur der gotischen Architektur, die unter Verwendung von Quadratur und Triangulatur erzielt wurde, hat manche Philosophen dazu veranlasst, Architektur als gefrorene Musik zu bezeichnen. Für viele Architekten hat diese Analogie die Frage aufgeworfen, ob es möglich wäre, musikalische Kompositionen auf räumliche oder architektonische Konfigurationen zu übertragen.

Eine Möglichkeit, Klänge in eine sichtbare Form zu überführen, bestand darin, auf jene Methode zurückzugreifen, die sich der deutsche Physiker Ernst Chladni 1787 ausgedacht hatte: Er streute feinkörnigen Sand auf eine Glas- oder Metallplatte, die er anschließend in Schwingungen versetzte, indem er mit einem Geigenbogen über den Plattenrand strich; da der Sand von den Punkten mit der intensivsten Schwingung fortrutschte, formte er komplexe Muster, die von den Haltepunkten der Platte, ihrer Dicke, Dichte und Elastizität, der Position und der Geschwindigkeit des Geigenbogens usw. abhängig waren. In Analogie zu diesen „Chladni'schen Klangfiguren" behauptete Bragdon, Architektur sei im Grunde nichts weiter als eine feste Verkörperung flüchtiger Klangmuster. > Abb. 21 und 22

Eine weitere Möglichkeit, Klängen eine sichtbare Form zu verleihen, bestand darin, die in einer Melodie enthaltenen konsonanten Tonintervalle in Zahlen zu überführen, die anschließend als räumliches System interpretiert wurden. Diese Forschungsarbeit führte Bragdon zu Experimenten mit „magischen Quadraten" oder Matrizes, deren Zahlen z. B. in jeder senkrechten und in jeder waagerechten Reihe addiert dieselbe Summe ergaben. Indem er in dieser Zahlenordnung eine Linie von einem Feld zum anderen zog, schuf er eine zufällige, komplexe Figur. > Abb. 21, 22 und 23

Wassily Kandinsky und Paul Klee, die beiden führenden Künstler am Weimarer Bauhaus, entwickelten unterschiedliche Methoden, um musikalische Ideen zu visualisieren. In Einklang mit seiner allgemeinen Theorie über Punkte, Linien und Flächen präsentierte Kandinsky 1925 eine Alternative zu der Notation, die traditionellerweise in der Musik verwendet wurde. Seine Transkription der ersten Takte von Beethovens *5. Symphonie* stellt die Noten jedoch beinahe genauso dar wie die traditionelle Notation, auch wenn das Notenliniensystem nicht gezeigt wird. Und wie in der traditionellen Transkription wird Kandinskys Notation ebenfalls von links nach rechts gelesen. Die Tonhöhe einer Note wird durch die Höhe ihrer Lage im Vergleich zu einer anderen Note dargestellt, und die horizontale Entfernung zwischen den Noten gibt deren Dauer an. Die Größe der Punkte zeigt die Dynamik. > Abb. 24 und 25

Im Vergleich dazu war Klees 1924 vorgestellte Transkription von Bachs *Adagio Nr. 6 aus der Sonate für Violine und Cembalo in G-Dur*

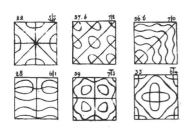

Abb. 21: Ernst Chladni, durch Schwingung erzeugte Chladni-Figuren

Abb. 22: Ernst Chladni, Chladni-Platten

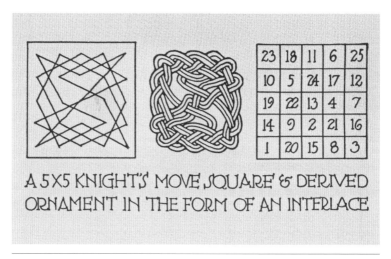

Abb. 23: Claude Bragdon, numerische Formengeneration

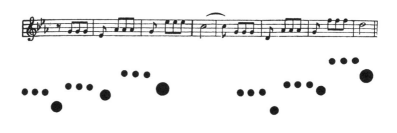

Abb. 24: Wassily Kandinsky, Notation der Fünften Symphonie von Beethoven

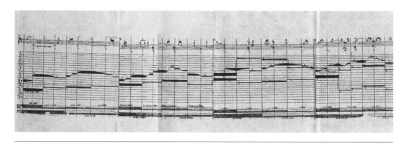

Abb. 25: Paul Klee, Notation für Bachs Adagio aus Sonata für Violine und Cembalo #6 (BWV 1019)

wesentlich radikaler: Das traditionelle Notenliniensystem ist durch ein einheitliches Raster aus parallelen horizontalen Linien ersetzt worden; die Tonhöhe einer Note korrespondiert mit ihrer Höhe im Raster, während ihre Dauer der Länge der Linie entspricht, durch welche sie dargestellt wird. Ihre Dynamik wird durch die jeweilige Dicke der Linie ausgedrückt.

1991 griff der Architekt Steven Holl auf diese Transkription zurück, um die Ansicht des Stretto House in Dallas, USA, zu entwerfen. Holl glaubte, der architektonische Ausdruck von Masse und Materialien offenbare sich gemäß Schwerkraft, Gewicht, Stützung, Spannung und Torsion wie eine Orchestrierung musikalischer Werke. Beim Stretto House orientierte sich Holl an Béla Bartóks *Musik für Saiteninstrumente, Schlagzeug und Celesta,* einem Werk, das nicht nur wegen seiner streng

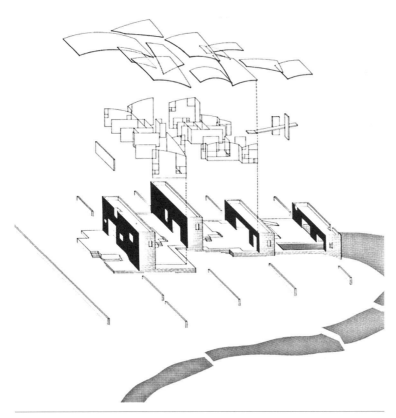

Abb. 26: Steven Holl, Stretto House in Dallas

Abb. 27: J. S. Bach, Es-moll-Fuge (Nr. 8) aus dem Wohltemperierten Klavier I (BWV 853), Takte 52–55

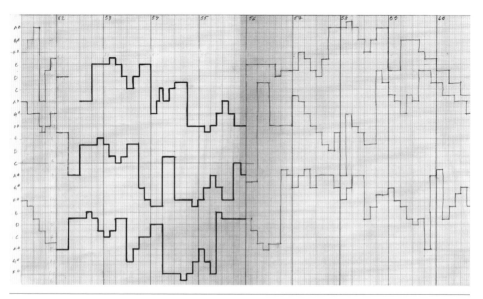

Abb. 28: Henrik Neugeboren, Transkription der Fuge Bachs, Takte 52–55

symmetrischen Fugenkonstruktion bemerkenswert ist, sondern auch wegen der räumlichen Anordnung des Orchesters. Diese sieht vor, dass Schlagzeug, Celesta, Piano, Harfe und Xylofon in der Bühnenmitte platziert werden, auf beiden Seiten flankiert von einem Streichquartett und einem Kontrabass. Analog zu dieser Unterteilung der Instrumente in „schwere" und „leichte" kontrastierte Holl vier schwere Betonblöcke mit leichten, geschwungenen Dachelementen. > Abb. 26

Henrik Neugeborens *Monument für Bach* (1928) nahm auch Bezug zu Klee, ging aber noch einen Schritt weiter. Es geht hier um eine gleichsam dreidimensionale Notation eines kleinen Fragments (die Takte Nr. 52–55) der Fuge in e-Moll aus Bachs *Das Wohltemperierte Klavier I*. In Neugeborens System repräsentierte die X-Achse die Dauer und die Y-Achse die Tonhöhe der Noten. Während in der traditionellen Notation

Abb. 29: Henrik Neugeboren, Monument für Bach

die genaue Dauer jeder Note durch ein besonderes Symbol ausgedrückt wird, sodass die tatsächliche Position der Note auf dem Papier im Grunde keine Rolle spielt, war in Neugeborens Version jeder Takt gleich breit und in gleichmäßige Intervalle unterteilt. Vermutlich sollte die Breite der Zeitsegmente das Tempo bestimmen. Die radikalste Abweichung von der herkömmlichen Notation ist jedoch die vertikale Z-Achse, die der Darstellung der Tonhöhe in der dritten Dimension, parallel zur Darstellung der Tonhöhe auf der Y-Achse, dient: Je höher die Tonhöhe, umso höher wird ihre Abbildung entlang der Y- und Z-Achsen. Eine weitere Eigenheit ergibt sich aus der Darstellung jeder Stimme als fortlaufende Linie, die sich im dreidimensionalen Modell gleichsam aus der Fläche des Kartons emporhebt, wobei jedoch bloß die zur X-Achse parallelen Segmente die Noten darstellen, während die senkrechten Segmente lediglich strukturelle Notwendigkeit ohne jegliche musikalische Bedeutung sind.
> Abb. 27, 28 und 29

Während Holl und Neugeboren aus der musikalischen Notation eine dreidimensionale Form entwickelten, haben viele Architekten auch baulich-strukturelle Analogien vorgeschlagen. Bachs Fugen basieren auf einem erzeugenden Thema oder „Subjekt", das für gewöhnlich durch zwei oder drei andere, kontrapunktierende Stimmen nachgeahmt oder variiert wird, die als „Antworten" oder „Kontrasubjekte" bezeichnet werden. Bei manchen barocken Fugen sind die Variationen streng geregelt: Die Variation kann eine Transposition des Subjekts sein, eine Inversion des

Subjekts, eine retrograde Version oder sogar eine retrograde Inversion. Ein ähnliches System verwendeten im 20. Jahrhundert Arnold Schönberg und Anton Webern bei ihren Zwölftonkompositionen, in denen dieselbe Reihe von zwölf Tönen in vier verschiedenen Versionen verwendet wird: in Originalgestalt (von links nach rechts), in Krebsform (Spiegelung der Originalgestalt an der Y-Achse), in Umkehrung (Spiegelung der Originalgestalt an der X-Achse) und in Krebsumkehrung (Spiegelung der Krebsform an der X-Achse). Peter Eisenmans frühe Hausentwürfe sind genauso streng definiert wie Kompositionsverfahren, deren Ausgangsform Schritt für Schritt transformiert wird, bis schließlich die erwünschte Komplexität erreicht ist.

HÖHERE DIMENSIONEN

Da er mit den traditionellen Übertragungen von Musik in Architektur unzufrieden war, konstruierte Bragdon ein Instrument, das eine musikalische Partitur in bewegte Farbkompositionen überführte, die mit elektrischem Licht auf eine Leinwand projiziert wurden. Mit dieser „Luxorgel" komponierte und führte er Massenspektakel auf wie 1916 die „Cathedral Without Walls" im New Yorker Central Park.

Fünf Jahre später baute der Musiker Thomas Wilfred ein Instrument, das auch als Farborgel bekannte „Clavilux", mit dem er Bragdons „vierdimensionale Entwürfe" in Bewegung überführen konnte, indem er ein transparentes, klangempfindliches Material verwendete, also eine modernisierte Version der Chladni'schen Platten. Noch bis in die Mitte der fünfziger Jahre konstruierte Wilfred mehrere unterschiedliche Claviluxe, von denen manche Lichtmuster auf Wände projizierten, während andere aus einem 60 × 60 Zentimeter großen Bildschirm bestanden, der in einem dekorativen Gehäuse untergebracht war, das an einen Fernsehapparat erinnerte. > Abb. 30

Der Kernmechanismus von Wilfreds Clavilux bestand aus einer oder mehreren Lichtquellen, ein paar mit Edelsteinen besetzten Scheiben sowie Vexierspiegeln, die mit unterschiedlichen Geschwindigkeiten rotierten. Obwohl einige der Lichtmuster in Zyklen wiederholt wurden, standen die „lumia" in Einklang mit Bragdons Prinzipien der Vierdimensionalität, da keines der festgehaltenen Einzelbilder als Verkörperung der gesamten Komposition aufgefasst werden konnte.

Bragdon zählte zu den vielen Architekten, auf die die Vorstellung von vier Dimensionen einen ungeheuren Reiz ausübte, noch bevor Einsteins Relativitätstheorie auf spezifische Weise Gebrauch von einer vierdimensionalen Geometrie machte, die die Zeit als die vierte Dimension betrachtete. Von anderen Theosophen inspiriert, postulierte Bragdon die Existenz einer unsichtbaren, archetypischen Welt aus vier Dimensionen, die wir jedoch nur unvollkommen wahrnehmen können. > Abb. 31

Gegen Ende des 20. Jahrhunderts kehrten viele Avantgarde-Architekten zu diesem Thema zurück. Peter Eisenmans Entwurf für ein Wissen-

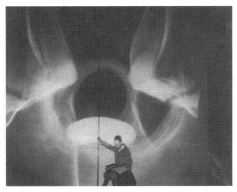

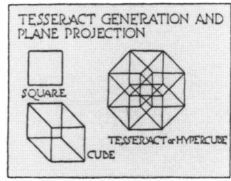

Abb. 30: Thomas Wilfred, Clavilux

Abb. 31: Claude Bragdon, ein vierdimensionaler Hyper-Kubus

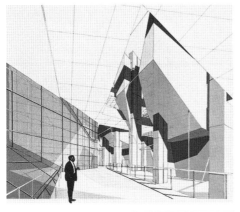

Abb. 32: Peter Eisenman, Forschungszentrum, Carnegie Mellon University (Projekt)

Abb. 33: Marcos Novak, vier Skulpturen als Projektionen eines vierdimensionalen Objekts

schaftsgebäude an der Carnegie Mellon University in Pittsburgh basierte auf einer Reihe von einander durchdringenden Boole'schen Würfeln; verzerrte feste Baukörper und offene Stahlrahmen hielten eine Spur dieser Geometrien fest. > Abb. 32

Mit den Techniken der virtuellen Realität ist es inzwischen möglich, eine vierdimensionale Geometrie konsistenter anzuwenden. Ein Beispiel bietet die von Marcos Novak auf der Biennale in Venedig 2000 präsentierte „unsichtbare Architektur". Seine Installation bestand im Wesentlichen aus einer an beiden Enden mit Drähten aufgehängten Stange, an der ein Infrarotsensor und eine Linsenapparatur befestigt waren. Letztere erzeugte eine charakteristische dreidimensionale Form, die vom menschlichen Auge nicht wahrgenommen, aber von einem Computer kontrolliert werden konnte. Griff die Hand eines Betrachters in diese unsichtbare Form hinein, so maß der Computer dieses Eindringen und reagierte darauf mit einem spezifischen Klang. Somit konnten die Betrachter die Lage und die genaue Form der unsichtbaren Skulpturen erahnen, indem sie ihre Hände bewegten und dabei auf die sich verändernde Klanglandschaft achteten.

Novaks Installation kombinierte aus einer historischen Perspektive zwei Erfindungen aus dem frühen 20. Jahrhundert: die auf vierdimensionalen Berechnungen beruhenden Lightshows von Bragdon und Wilfred und eine andere kurzlebige Modeerscheinung, das Theremin, ein 1919 von dem russischen Physiker Leon Theremin erfundenes Musikinstrument, das die Bewegungen des menschlichen Körpers elektronisch in Klänge transformierte. > Abb. 33

PROPORTIONEN

Eine traditionelle Methode, mit Musik zu arbeiten, greift auf die Proportionstheorie zurück. Schon Pythagoras fand heraus, dass die elementaren Intervalle in einer Tonleiter mit den einfachen Zahlenverhältnissen der heiligen „Tetraktys" – 1 + 2 + 3 + 4 – beschrieben werden können. Daraus zogen die Pythagoreer den Schluss, das gesamte Universum sei nach geometrischen und numerischen Spezifikationen aufgebaut, die in jedem Maßstab miteinander harmonieren.

Der Architekturhistoriker George Hersey vertritt die Ansicht, dass diese pythagoreischen Ideen von den neuplatonischen Philosophen und Architekten der Renaissance weiterentwickelt wurden. Er behauptet sogar, dass die Architekten der Renaissance im Sinne einer neuplatonischen Hierarchie dachten, der zufolge das physische Bauwerk praktisch keinen Wert besaß, da es lediglich eine größere Version des Maßstabsmodells war, welches nur eine unvollkommene Umsetzung der Entwurfszeichnungen war. Diese seien wiederum nur ein Schatten der wirklichen Idee, also der abstrakten geometrischen Struktur, die die Funktionsmechanismen des Kosmos zum Ausdruck brächten.

Etwas weniger dramatisch behauptete der Architekturhistoriker Rudolf Wittkower, dass Palladio, eines der Genies der Renaissance, seine Villen so entworfen habe, dass die Proportionen der Räume eine harmonische Abfolge bildeten, die mit einer musikalischen Fuge vergleichbar war. 1947 publizierte Wittkower eine bahnbrechende Interpretation von Palladio-Villen, indem er aufzeigte, dass diese Gebäude – auch wenn sie sich rein äußerlich beträchtlich voneinander unterschieden – allesamt auf einem ähnlichen Diagramm basierten: einem unregelmäßigen, aus neun Quadraten bestehenden Bandraster.

Wittkowers brillanter Essay machte in der Fachwelt Furore und inspirierte den Architekturtheoretiker Colin Rowe dazu, ein ähnliches Raster in Le Corbusiers Villa Stein in Garches zu entdecken. Später verwies

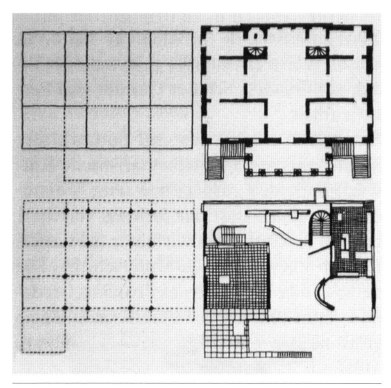

Abb. 34: Colin Rowe, Grundraster Villa La Malcontenta (Palladio 1560) und Villa Stein
(Le Corbusier 1927)

er auch auf Ähnlichkeiten zwischen Palladios Villa Rotonda in Vicenza und Le Corbusiers Villa Savoye in Poissy. > Abb. 34 Für Rowe waren dies ursprünglich nur rein formale Ähnlichkeiten, doch spätere Architekturhistoriker sind auf Beweise gestoßen, aus denen eindeutig hervorgeht, dass Le Corbusier sich schon sehr früh für das Werk Palladios interessiert hatte. In seinem einflussreichen, 1923 publizierten Buch *Vers une Architecture* propagiert Le Corbusier ausdrücklich die Verwendung geometrischer „Ordnungslinien" und einiger Proportionen, zu denen auch der Goldene Schnitt zählte. Um dies zu verdeutlichen, können wir einen Blick auf das Atelierhaus werfen, das Le Corbusier 1922 für seinen puristischen Kollegen Amédée Ozenfant in Paris entwarf.

Beim Entwurf dieses Gebäudes musste Le Corbusier zunächst die zufälligen Gegebenheiten des unregelmäßig geformten Baugrundstücks berücksichtigen. > Abb. 36 Dieses ist nämlich nicht rechteckig, sondern wird auf einer Seite von einer Mauer begrenzt, die in einem 30°-Winkel zur gegenüberliegenden Seite verläuft. Der Grundriss wird durch zwei Raster in einem Winkel von 30° geregelt. Die Position der Außentreppe

Abb. 35: Le Corbusier, versteckte Ordnungslinien der Fassade des Ozenfant Studio, Paris

bestimmt sich durch die Verlängerung der Linie der 30°-Grad-Mauer. Dann wird eine Senkrechte so zu dieser Achse gezeichnet, dass sie auf die vordere rechte Ecke des Baugrundstücks trifft (a). Eine weitere Treppe im Inneren des Gebäudes befindet sich im Schnittpunkt von zwei Linien: Eine von ihnen verbindet die hinter der Außentreppe befindliche Mauer mit der inneren rechten Ecke des Gebäudes, die andere stellt eine Tangente der Außentreppe dar, die parallel zur linken Seitenmauer verläuft. Die letztgenannte Linie bestimmt gleichzeitig die Position eines Fensters in der Rückwand und den Rand des großen Atelierfensters an der Seitenfassade (b). Derselbe Punkt wird auch durch eine senkrecht zur linken Mauer gezeichnete Linie definiert, die vom Mittelpunkt der Innentreppe zur rechten Wand verläuft. Der Rand des Atelierfensters an der Seitenfassade kann auch bestimmt werden, indem vom rückwärtigen Fenster hinunter eine parallel zur rechten Wand verlaufende Linie gezeichnet wird (c). Aus diesen Ordnungslinien werden sogar einzelne Details abgeleitet: So befindet sich zum Beispiel die Raumecke mit dem Spülbecken, das „Laboratorium", auf der Linie, die zur linken Ecke der Hauptfassade verläuft (d). Die gleichen Winkel beherrschen auch die Fassade. > Abb. 35 und 36

In einer späteren Schaffensphase versuchte Le Corbusier die proportionale Methode in seinem (erstmals 1948 publizierten) „Modulor-Schema" zu systematisieren. Er war davon überzeugt, dass der Goldene Schnitt der Schlüssel zur Schönheit war, doch als irrationale Proportion war er seiner Ansicht nach bei Baukonstruktionen nicht leicht anzuwen-

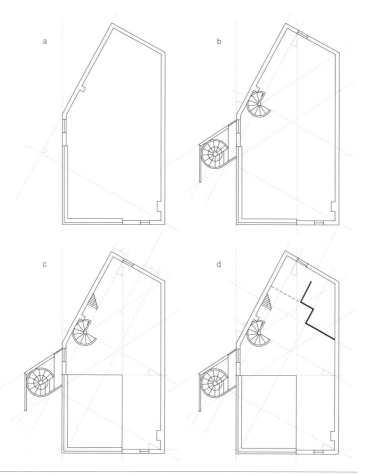

Abb. 36: Le Corbusier, Ozenfant Studio, generative Diagramme der wichtigsten Entwurfsschritte

den, vor allem in Anbetracht der industriellen Fertigteilbauweise. Um eine Reihe praktikabler Dimensionen zu erhalten entwickelte Le Corbusier den Modulor aus der Fibonacci'schen Zahlenfolge, einer Reihe von Zahlen, 1, 1, 2, 3, 5, 8, 13 …, bei der sich aus der Addition von jeweils zwei benachbarten Ziffern die dritte ergibt, sodass sich das Verhältnis zwischen jeweils zwei Ziffern zunehmend an den Goldenen Schnitt annähert.

Le Corbusier entwickelte den Modulor aus den Maßen eines idealen menschlichen Körpers, weil wir uns, wie er meinte, im Universum wieder erkennen müssen, um es schön zu finden. Skeptiker, die befürchteten, dieses System könnte die Kreativität der Architekten einschränken und ähnlich aussehende, schachtelartige Gebäude hervorbringen, widerlegte

Abb. 37: Le Corbusier, Iannis Xenakis, die freie Form des Philips Pavillons basiert auf modulordimensionierten Regelflächen.

Le Corbusier, indem er den Modulor bei zwei seiner ausgefallensten Entwürfen anwendete: der Kapelle Notre-Dame du Haut in Ronchamp (1954) und dem Philips-Pavillon für die Weltausstellung in Brüssel (1958). > Abb. 37

Selbst wenn man nicht Le Corbusiers Glaube an die Schönheit des Goldenen Schnittes teilt, kann man behaupten, dass die Verwendung konsistenter, für den gesamten Entwurf geltender Proportionen dem Betrachter erleichtert, eine visuelle Beziehung zwischen den verschiedenen Elementen der Komposition herzustellen. So wird der Entwurf zu einer Art von Text, dessen Entzifferung Interesse erwecken kann.

Ein weiterer Grund für die Verwendung proportionaler Systeme ist nicht ästhetischer, sondern praktischer Natur. Wahrscheinlich vom japanischen System der Tatami-Matten inspiriert, haben sich viele moderne Architekten proportionaler Systeme bedient, die mit Modulen arbeiten, denn diese erlauben eine Kombination von vorgefertigten Elementen und standardisierten Komponenten.

Der Zufall und das Unbewusste als Quellen

HETEROTOPIE

Obwohl Alvar Aalto, wie die meisten Architekten seiner Generation, hin und wieder Proportionssysteme anwendete, um den Gebäudeentwurf im Detail zu bestimmen, gilt er für gewöhnlich als wichtigster Verfechter eines antimethodischen Ansatzes in der Architektur. Es heißt, sein erstes Meisterwerk, die Villa Mairea (1939) in Noormarkku, Finnland, verkörpere Motive wie „Waldesraum" oder „kubistische Collage". Das Gebäude wird durch eine üppige Palette von Materialien und Formen charakterisiert, doch sein hervorstechendes Merkmal ist, dass diese Materialien und Formen nicht durch ein übergeordnetes Konzept verknüpft werden, sondern allein durch eine sinnliche Atmosphäre. Der Architekt und Theoretiker Demetri Porphyrios formuliert dies etwas analytischer und meint, Aaltos Architektur sei durch ein spezielles „heterotopes" Generierungssystem gekennzeichnet. Porphyrios behauptet zwar, in einer Heterotopie gebe es kein Ordnungsprinzip, welches die unterschiedlichen Formen zu einem Ganzen zusammenfügen würde. Doch andere Autoren sind zu dem Ergebnis gelangt, Aalto begreife den Weg eines Besuchers, der das Gebäude betritt, als die ursprüngliche Ordnung, um die herum er dann andere Funktionen arrangiert oder deformiert, wenn dies die Erschließung erleichtert. Ein anderer Aspekt der heterotopen Entwürfe Aaltos besteht darin, dass die mannigfaltigen Formen und Anordnungen jene Räume hervorheben sollen, die die wichtigsten Funktionen beherbergen. Daher gibt er den öffentlichen Räumen in der Regel eine ungewöhnliche Form, mit Vorliebe eine an den Grundriss griechischer Theater erinnernde Fächerform, während er die Räume für banale Funktionen (Büros, technische Räume, normale Wohnungen) in einem schlichten, repetitiven Muster anordnet.

Aaltos Entwurf für das Kulturzentrum in Wolfsburg (1962) veranschaulicht die heterotope Methode. Sowohl der Grundriss als auch die Fassaden wesentlicher programmatischer Elemente haben ihre spezifischen organisatorischen und ästhetischen Prinzipien. Die polygonalen Auditorien über dem Haupteingang sind in einem Fächermuster angeordnet und werden an den Außenwänden durch eine gestreifte Marmorverkleidung gekennzeichnet. Im Unterschied dazu sind die Büros in einer orthogonalen Ordnung hinter einer modernen Fassade untergebracht, die wie eine verlängerte Version von Le Corbusiers Villa Savoye anmutet. Darüber hinaus werden auch andere, relativ unabhängige Motive eingefügt, etwa das eines römischen Atriumhauses mit einem zeltartigen Dach und einem offenen Kamin. Anstelle eines vereinigenden Rasters, wie man

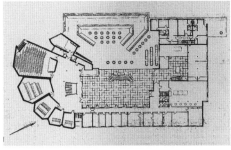

Abb. 38: Alvar Aalto, Kulturzentrum Wolfsburg

Abb. 39: Alvar Aalto, Kulturzentrum Wolfsburg, 1.OG

es bei einem Gebäude von Mies van der Rohe finden kann, > Kap. Vorläufer, Umwandlung eines spezifischen Modells verleiht Aalto jedem programmatischen Element seine eigene Identität und spezifische Form und packt diese Elemente dann so eng zusammen, dass ihre Idealformen deformiert werden. > Abb. 38 und 39

Während die Kritiker über das Konzept der Heterotopie debattierten, verbreitete Aalto selbst noch viel merkwürdigere Ideen über seine Entwurfsmethode. In einem Essay behauptete er, er versuche nicht nur, die Mehrzahl der sich auf den Entwurf beziehenden Informationen zu ignorieren, sondern auch, Zeichnungen anzufertigen, die fast schon kindliche Kritzeleien seien. In einem anderen Zusammenhang beschrieb er seinen Entwurfsansatz als „Spiel". Das Hauptgebäude des Versuchshauses (1953) in Muuratsalo, Finnland, kann als romantische Zerstörung eines eher nüchternen römischen Atriumhauses interpretiert werden, doch die sonderbare und nur teilweise realisierte Reihe lose aneinandergefügter Nebengebäude, die sich in leicht geschwungenem Bogen nach hinten erstreckt, sieht wieder anders aus. Dem Versuchshaus soll tatsächlich ein Spiel mit Zeichnungen unterschiedlichster Art und in allen möglichen Maßstäben zu Grunde gelegen haben; dabei sollen unter anderem landschaftliche Eigenschaften in verkleinerter Form für unkonventionelle Pavillongrundrisse herangezogen und sogar Porträts mit Baustellenplänen vermischt worden sein. Einer von Aaltos ständig wiederkehrenden Kunstgriffen besteht darin, dasselbe formale Motiv in radikal unterschiedlichen Maßstäben zu verwenden: So taucht eines seiner typischen Motive, eine Fächerform, nicht nur als Beinverbindung eines Hockers auf, sondern auch als Decke der Kirche in Wolfsburg, als Grundriss der Bibliothek in Seinäjoki und als Lageplan der Siedlung in Kotka. > Abb. 40, 41 und 42

SURREALISTISCHE VERFAHREN

Einige Zeitgenossen Aaltos artikulierten ihre anarchischen Entwurfsmethoden auf präzisere Weise. Josef Frank zum Beispiel propagierte eine

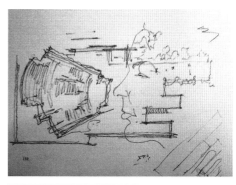

Abb. 40: Alvar Aalto, Wochenendhaus Muuratsalo, Lageplan

Abb. 41: Alvar Aalto, Planskizze

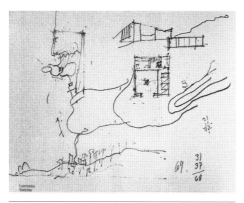

Abb. 42: Alvar Aalto, Entwurfsskizze zum Haus in Muuratsalo

Abb. 43: Josef Frank, akzidente Architektur

Architektur im Sinne eines „Akzidentismus", der eine mehr oder weniger zufällige Kombination von unterschiedlichen Formen – aus der Hochkultur wie aus purem Kitsch – beinhaltete, um jene Art von Vitalität zu erzielen, die ein Kennzeichen natürlich gewachsener Städte ist. > Abb. 43

Die Vorstellung, dass der Zufall die treibende Kraft hinter der künstlerischen oder architektonischen Kreativität ist, ist im 20. Jahrhundert weit verbreitet gewesen. Die Wurzeln dieser Vorstellung findet man jedoch schon in der Antike: Aristoteles äußerte sich über Figuren, die in Wolken wahrzunehmen sind, und Plinius berichtete von Protogenes, der Gemälde schuf, indem er einen Schwamm an die Wand warf. Von diesen Klassikern inspiriert, bemerkte Leonardo, dass eine von Flecken übersäte Wand Landschaften, Schlachten und Gesichter enthalte. Seine Kommentare wurden von Alexander Cozens, einem englischen Landschafts-

Abb. 44: Alexander Cozens, Tintenkleckse als Basis eines Landschaftsbildes

maler, zu einer vollendeten Theorie des Aleatorismus weiterentwickelt. In seiner 1785 publizierten Abhandlung *A New Method of Assisting the Invention in Drawing Original Compositions of Landscape* beschrieb Cozens „eine mechanische Methode ... zur Anregung der Vorstellungskraft" von Künstlern. Dabei werden mit Pinsel und Tusche zwanglos und zufällig Kleckse (engl. = „blots") auf ein Blatt Papier verteilt, das vorher auch zusammengeknittert und wieder glatt gestrichen werden kann. Cozens betonte, dass dieses von ihm als „Blot" bezeichnete Klecksbild keine Zeichnung sei, sondern lediglich eine Ansammlung zufälliger Formen, die als Vorlage für eine Zeichnung dienen könne. Nachdem er ein ihn inspirierendes „Blot" ausgewählt hat, soll der Künstler daraus ein Landschaftsbild entwickeln, ohne etwas hinzuzufügen, was nicht ursprünglich in dem „Blot" enthalten war. Die Zeichnung wird vervollständigt, indem die „Blot"-Vorlage mit Pinsel und Tusche ausgemalt wird. Der Sinn dieser Methode bestand darin, den Künstler von den Fesseln einer an konventionellen Mustern orientierten Landschaftskomposition zu befreien, indem die bewusste Kontrolle mehr oder weniger ausgeschaltet wurde. > Abb. 44

Ähnliche Methoden wurden im 20. Jahrhundert von den Surrealisten angewendet, die auch die spiritistische und theosophische Technik des automatischen Schreibens wieder belebten. Während die Theosophen das automatische Schreiben als einen Vorgang betrachtet hatten, bei dem ein Medium sein Selbst aufgab, um seine Hand von den „Geistern" führen zu lassen, fassten die Surrealisten diese Praxis in psychoanalytische Begriffe. In Anlehnung an ein damals beliebtes Gesellschaftsspiel experimentierte die erste Generation surrealistischer Maler mit der Methode des „Cadavre exquis" („köstlicher Leichnam"), um den individuellen Urheber durch ein Kollektiv zu ersetzen: Der erste Mitspieler zeichnet etwas auf das obere Ende eines Blattes Papier und faltet dieses dann so, dass die Zeichnung verborgen ist, aber noch einige Punkte hervorlugen, an denen der nächste Mitspieler die Zeichnung fortführen kann. Max Ernsts Lieblingsmethode war die „Frottage". Er schuf automatische Bilder und Muster, indem er ein Blatt Papier auf eine texturierte Oberfläche legte und dann mit dem Bleistift darüberrieb; er bediente sich aber auch der Technik der „Grattage", indem er Farbe von einer bemalten Leinwand kratzte.

Spätere Surrealisten entwickelten weitere Techniken, um Bilder zu produzieren. Gherasim Lucas schnitt mehrere Bilder zu gleich großen Quadraten zurecht und arrangierte sie dann nach dem Zufallsprinzip. Durch diese „Kubomanie" ergaben sich neue, überraschende Kombinationen. Die „Soufflage" ist eine Technik, bei der flüssige Farbe auf eine Oberfläche geblasen wird, während bei der „Parsemage" Holzkohlenstaub auf eine Wasseroberfläche gestreut und dann mit einem Blatt Papier abgetupft wird. Die „Fumage" erzeugt Bilder durch den Ruß einer Kerze oder Kerosinlampe, die an ein Stück Papier oder an eine Leinwand gehalten wird. Die „entoptische Graphomanie", eine von Dolfi Trost entwickelte Variante des automatischen Zeichnens, markiert zufällige Unreinheiten mit Punkten auf dem Papier, die dann durch Linien verbunden werden. Eine der wenigen dreidimensionalen Methoden ist die „Coulage", eine Technik, bei der geschmolzenes Material wie Wachs, Schokolade oder Zinn in kaltes Wasser gegossen wird, um eine zufällige Skulptur entstehen zu lassen.

Später kehrte Trost diesen künstlerischen Techniken des surrealistischen Automatismus den Rücken und beschäftigte sich stattdessen mit

Abb. 45: Coop Himmelb(l)au, Open House (Projekt), Skizze

Abb. 46: Coop Himmelb(l)au, Open House, Modell

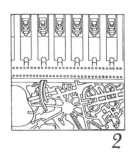

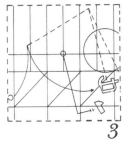

Abb. 47: Bernhard Tschumi, Manhattan Transcripts – Übertragung einer Kriminalgeschichte in architektonische Form

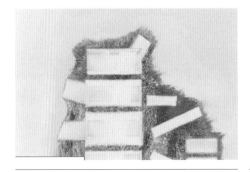

Abb. 48: R&Sie, Dusty Relief/B-mu, (Projekt) Schnitt durch das Museum

Abb. 49: R&Sie, Dusty Relief/B-mu, Außenansicht des Museums

Techniken, die „aus rigoros angewendeten wissenschaftlichen Verfahren resultieren", doch auch bei diesen war das Ergebnis unvorhersehbar.

Es gibt auch einige Architekten, die surrealistische Verfahren anwenden, um die Formen ihrer Gebäude zu bestimmen. Bei ihrem Open-House-Projekt (1990) für Malibu, Kalifornien, griffen Wolf D. Prix und Helmut Swiczinsky vom Architektenteam Coop Himmelb(l)au wieder auf das automatische Schreiben zurück. Ihr Entwurf entstand „aus einer explosionsartigen, mit geschlossenen Augen gezeichneten Skizze. Ungestörte Konzentration. Die Hand als ein Seismograph der vom Raum hervorgerufenen Gefühle." Einer der beiden Architekten zeichnete, und der andere übertrug die Skizze ohne Zensur oder Bewertung in ein dreidimensionales Modell – während aus Hochleistungslautsprechern Jimi Hendrix' „Purple Haze" dröhnte. > Abb. 45 und 46

Viele andere zeitgenössische Architekten sind ebenfalls vom Surrealismus beeinflusst worden, auch wenn die surrealistischen Methoden nicht unmittelbar in die Formgestaltung einfließen. Rem Koolhaas, der sich ausdrücklich auf Salvador Dalís „kritisch-paranoide Methode" beruft, konzentriert sich eher auf programmatische Effekte als auf formale Konfigurationen und plädiert dafür, unvereinbare Programme übereinanderzuschichten – zu einem diskontinuierlichen Ganzen, das neue Ereignisse hervorrufen soll. Ein Beispiel ist der OMA-Entwurf für den Parc de la Villette (1982) in Paris, der eine Montage aus inkongruenten programmatischen Elementen darstellt. Etwas präziser unterscheidet der Architekt und Theoretiker Bernard Tschumi bei solchen Operationen zwischen „Ent-, Quer- und Transprogrammierung". Er hat auch das Potenzial der Montage mit expliziten Bezügen zum Film erforscht und akribische Notationssysteme entwickelt. Tschumis *Manhattan Transcripts* (1978/94) überträgt eine Kriminalgeschichte in eine dreidimensionale architektonische Form. > Abb. 47

Ein noch rigoroseres surrealistisches Projekt ist der von R&Sie präsentierte und „Dusty Relief/B-mu" betitelte Entwurf (2002) für ein Museum für zeitgenössische Kunst in Bangkok. Zu ihm gehören unter anderem ein zufallsbedingtes Relief, berechnet aus der Pixelisierung „aleatorischer Partikel für ein pures graues Ektoplasma", ferner ein elektrostatisches System, das den Staub der Stadt auf der Oberfläche eines Aluminiumgitterwerks einfängt, und schließlich der schizophrene Kontrast zwischen dem „euklidischen" Innenraum und der „topologischen" Außenseite. Das Resultat ist ein Gebäude, dessen Fassade in Reaktion auf die Luftverschmutzung in der Stadt unablässig Farbe, Form und Textur wechselt. > Abb. 48 und 49

Rationalistische Ansätze

Als die Begründer des Surrealismus mit irrationalen und zufälligen Techniken experimentierten, verfolgten einige der am Bauhaus tätigen Künstler und Architekten einen genau entgegengesetzten Ansatz und versuchten rationale und objektiv richtige Entwurfsmethoden zu entwickeln. Während seiner Amtszeit als Direktor (1928–30) erklärte Hannes Meyer, dass die Architektur nicht zu den Schönen Künsten zähle und dass ein Architekt daher auch nicht das Recht habe, auf der Grundlage subjektiver Intuition oder kreativer Inspiration zu agieren. Vielmehr müsste jeder architektonische Entwurf auf handfesten wissenschaftlichen Erkenntnissen beruhen, also auf messbaren, beobachtbaren oder wiegbaren Elementen. Um dieses Wissensfundament aufzubauen, lud er alle möglichen Wissenschaftler ein – Philosophen, Physiker, Volkswirtschaftler, Soziologen, Psychologen, Physiologen, Anatomen usw. –, die Vorträge über den neuesten Stand ihrer jeweiligen Fachrichtung hielten. Er drängte darauf, dass sich seine Kollegen mit Konstruktionstechniken, Materialien und funktionalen Anordnungen beschäftigten. Der eigentliche Entwurfsprozess sollte dieses Allgemeinwissen nutzen und dabei auch spezifische Informationen über die zu bewältigende Aufgabe einbeziehen. Dazu gehörten vor allem die Fakten, die das Programm und den Bauplatz betrafen. Meyer betonte zum Beispiel, wie wichtig es sei, die Einfallswinkel des Sonnenlichts zu erfassen oder die kapillare Aufnahmekapazität des Bodens und die Luftfeuchtigkeit zu messen. Sobald alle relevanten Fakten bekannt seien, würde sich, so versprach er, der architektonische Entwurf „selbst errechnen". Meyers Geist lebt heute in den „Blasendiagrammen" weiter, die manche Architekten zeichnen, um die Verbindungen zwischen unterschiedlichen Funktionen zu veranschaulichen. > Abb. 50

Das von Hannes Meyer, Tibor Weiner und Philipp Tolziner entwickelte Projekt für ein Gemeinschaftsgebäude (1930) hat seinen Ausgangspunkt in zwei Diagrammen: Eines beschreibt die Abfolge, in der sich die Funktionen entfalten, und das andere bestimmt die Einfallswinkel des Sonnenlichts. In diesem Fall spezifiziert das Bewegungsdiagramm den folgenden Ablauf: Ankunft – umkleiden – geschütztes Leben – ungeschütztes Leben – und dann entweder wieder zurück oder umkleiden – baden – Pyjama anziehen – schlafen. Diesem Diagramm liegt die Annahme zu Grunde, dass unterschiedliche Funktionen einen unterschiedlichen Bedarf an Sonnenlicht haben: Das Schlafzimmer sollte Morgenlicht bekommen, während das Wohnzimmer am Abend Sonnenlicht haben sollte. Auf dieser Grundlage wurde ein Entwurf für eine 2-Zimmer-Wohnung mit den Badezimmer- und Schlafzimmerfunktionen im ersten Raum und dem Wohnzimmer im zweiten erarbeitet. Alle Räume sind nach

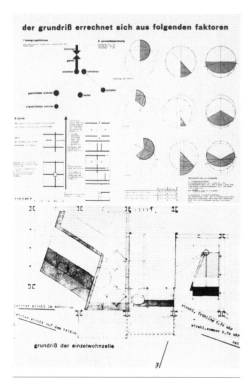

der grundriß errechnet sich aus folgenden faktoren

Abb. 50: Versuch einer wissenschaftlichen Entwurfs-
herleitung für ein Gemeinschaftsgebäude (Projekt)

Süden ausgerichtet, doch die Baumassen sind so aufgestapelt, dass das
Badezimmer dem Bett am Abend Schatten spendet, während das Eck-
fenster des Wohnzimmers nach Südwesten weist.

Trotz solcher Übungen formulierte Meyer nie einen vollständigen
Katalog von Instruktionen zur Errichtung eines Gebäudes auf Basis rein
sachlicher Informationen. Tatsächlich glaubten viele seiner Zeitgenossen,
dass er eher nach einer ästhetischen Agenda arbeitete, die er nicht
explizit zum Ausdruck brachte und die auch nicht in objektiven Begriffen
dargelegt werden konnte. Hugo Häring zum Beispiel meinte, dass Menschen wie Meyer eine irrationale und nicht zu rechtfertigende ästhetische Vorliebe für einfache geometrische Formen hegten. Für Häring war
dies Ausdruck eines „dekadenten geometrischen Denkens", und er plä-
dierte stattdessen für die Methode der „Leistungsform", der zufolge die
architektonische Form ohne Vorurteile oder vorgefasste Meinungen aus
den präzisen räumlichen Parametern der geplanten Funktion entwickelt
werden sollte.

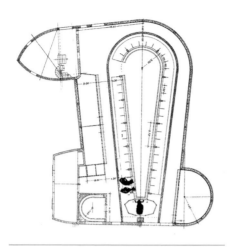

Abb. 51: Hugo Häring, Gut Garkau, Grundriss des
Kuhstalls als Leistungsform

Ein berühmtes Beispiel für die Leistungsform ist Härings Kuhstall
(1924–25) für die Gutsanlage Garkau in Scharbeutz am Pönitzer See.
Während herkömmliche Ställe einen rechteckigen Grundriss aufweisen,
der nicht nur leicht zu konstruieren, sondern auch problemlos mit anderen Gebäuden zu verbinden und zu erweitern ist, prägt Härings Entwurf
eine ungewöhnliche ovale Konfiguration. Ein Grundriss dieser Art ist
schwieriger zu bauen und vermutlich auch weniger flexibel, was Ände-
rungen betrifft, doch er optimiert nach Ansicht des Architekten die Bewegungen der Kühe im Inneren und beim Verlassen des Stalls. > Abb. 51
und 52

Wie aber lässt sich die richtige Leistungsform herausfinden? Häring
versprach nicht, dass dies durch eine einfache Prozedur zu erreichen sei.
Vielmehr sprach er vom „Geheimnis des Ursprungs der Form". Seine Vorstellung von Leistungsform lässt sich jedoch mit den Untersuchungen
zur industriellen Arbeitseffizienz verknüpfen, die in den 1920er Jahren
bei den Funktionalisten sehr populär waren. Während Frederick Winslow
Taylor, der Pionier der „wissenschaftlichen Betriebsführung", lediglich
die für einzelne Arbeitsabschnitte benötigte Zeit maß, setzte Frank B.
Gilbreth die Chronofotografie und die Filmkamera ein, um die Bewegungen der Arbeiter als leuchtende weiße Kurven vor einem schwarzen
Hintergrund darzustellen; später konstruierte er auch Drahtmodelle,
sogenannte Zyklografen, welche die optimalen Bewegungsabläufe drei-
dimensional verkörpern konnten. Womöglich könnte man mit Gilbreths
Zyklografen die Leistungsformen bestimmen, die Häring finden wollte.
> Abb. 53

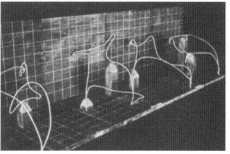

Abb. 52: Hugo Häring, Gut Garkau, Kuhstall   Abb. 53: Frank B. Gilbreth, Bewegungsstudie

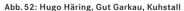

Eine Optimierung der Form ist möglich, wenn die Funktion sehr klar definiert ist. Geht es jedoch um Wohnräume, so erkennen wir schnell, dass die meisten vielfältige Funktionen zu erfüllen haben. Wird die Form eines Raums für eine bestimmte Funktion optimiert, so ist dies in der Regel für die übrigen Funktionen nicht besonders förderlich. Es ist eine Grundsatzentscheidung erforderlich, was optimiert werden soll: der verfügbare Raum, die Kosten, die Bequemlichkeit der Nutzung oder alles zusammen – oder etwas ganz anderes.

ENTWURFSFORSCHUNG

Angesichts der Entwicklung erschwinglicher Computeranwendungen gewann das Projekt der Entwurfsforschung in den 1960er Jahren deutlich an Fahrt. Nicholas Negroponte stellte sich eine Architekturmaschine vor, die eigenständig Entwürfe produzieren kann, und George Stiny und William Mitchell entwickelten Formgrammatiken als computergesteuerte Methode zur Erzeugung von Architektur. Sie schrieben Programme, die die Chomsky'sche Linguistik auf Wittkowers Analyse der Villen Palladios anwendeten und so neue Grund- und Aufrisse mit den Charakteristika dieser Villen produzierten. Alle diese neuen Entwürfe wiesen Elemente auf, die für die Originale der Renaissance typisch waren, unter ihnen Portiken, Tempelfronten und undekorierte vernakuläre Blöcke. Die Grundrisse waren Variationen des unregelmäßigen Bandrasters, das Wittkower bei den Originalen entdeckt hatte.

Die Produktivität des Computers wirft jedoch die Frage auf, ob es unter den Tausenden von Villen, die mit seiner Hilfe erzeugt werden, auch nur einen guten Entwurf gibt. Das Projekt einer per Computer generierten Architektur beinhaltet die Produktion von formalen Lösungen, die eine gewisse „Relevanz" haben. Ein generatives Programm ohne die Möglichkeit des Aussortierens oder Bewertens ist daher nur von geringem Wert. Können wir jedoch die erwünschten Parameter zur Bewertung der

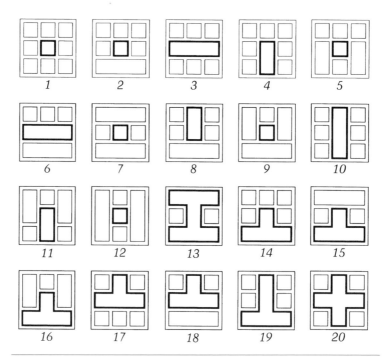

Abb. 54: William Mitchell, alle Neunquadratgrundrissvariationen nach den Regeln 1–19 der generativen Grammatik

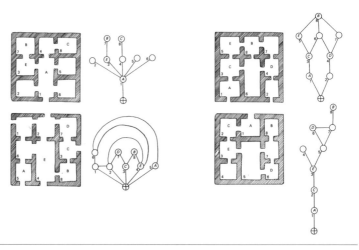

Abb. 55: Bill Hillier und Julienne Hanson, Variationen räumlicher Tiefe bei 9-Quadratgrundrissen

Variationen definieren, so ist es möglich, zu einer guten Lösung zu gelangen, ohne sämtliche Variationen durchgehen zu müssen.

Eine andere Methode ist die von Bill Hillier und Julienne Hanson entwickelte Space Syntax (Raumsyntax). Diese strebt jedoch ehrgeizigere Ziele an und will nicht bloß den Stil eines historischen Architekten imitieren. Hillier und Hanson behaupten, soziale Beziehungen seien immer auch auf räumliche Beziehungen zu reduzieren und umgekehrt; beide seien abhängig von Konfigurationen, die sich entweder auf Menschen oder auf Räume beziehen. Wenngleich die sozialen und räumlichen Anordnungen als „morphische Sprachen" bezeichnet werden, symbolisieren oder bezeichnen sie nichts außer sich selbst. Hillier und Hanson gehen von zwei Arten von Akteuren aus, von Bewohnern und Besuchern, deren räumliches Verhalten sie zu formen versuchen. Ein wichtiger Faktor ist die Lage der Räume. Je tiefer ein Raum im Gebäude angeordnet ist, je größer also die Anzahl von Zimmern oder Räumen ist, die durchquert werden müssen, um ihn zu betreten, umso abgesonderter ist er und umso größer sind sein Status und seine Macht. Die Autoren veranschaulichen dies anhand von vier Grundrissen, die sich in formaler Hinsicht insofern ähneln, als sie alle auf einer Konfiguration von neun Quadraten basieren, die jedoch hinsichtlich ihrer Tiefe extrem unterschiedliche räumliche Strukturen aufweisen. > Abb. 54 und 55

Die Methode der Raumsyntax ist auf provozierende Weise reduktionistisch: Kulturelle Konventionen und ästhetische Faktoren werden aus der Analyse ausgeklammert. Hillier versichert, dass es durchaus möglich sei, verifizierbare Vorhersagen über das Verhalten von Menschen in Gebäuden oder in städtischen Räumen zu treffen, auch ohne die Vielfalt architektonischer Erfahrungen zu beachten. Wenngleich die Raumsyntax keine Methode zur Erzeugung von Formen ist, so kann sie doch herangezogen werden, um die Wirkungen alternativer Entwürfe zu bewerten.

Sehr viel leichter anzuwenden ist Christopher Alexanders Muster-Sprache, deren Methode in ähnlichen, nämlich mathematischen und empirischen Beobachtungen verwurzelt ist. Er unterscheidet zwischen Anforderungs-, Form- und konstruktiven Diagrammen. Ein Anforderungsdiagramm beschreibt die Zwänge oder Einschränkungen, die bei einer gegebenen Situation zu berücksichtigen sind. Ein Formdiagramm definiert eine präzise formale Anordnung – im Idealfall mit vorhersehbaren funktionalen Konsequenzen. Ein konstruktives Diagramm kombiniert dagegen eine formale und eine funktionale Erklärung der zu entwerfenden Sache.

Eines von Alexanders Beispielen für ein Konstruktionsdiagramm ist eine Darstellung der Verkehrsflüsse auf einer viel befahrenen Straßenkreuzung. Anstatt Zahlen zu verwenden, um die Menge der Autos wiederzugeben, stellt Alexander eine stärker befahrene Straße grafisch breiter dar als eine weniger befahrene. Daraus ergibt sich ein Bild der Form,

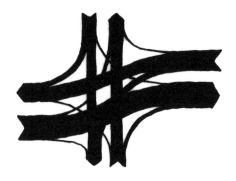

Abb. 56: Christopher Alexander, konstruktives Diagramm, dass die Form einer Verkehrskreuzung durch die Anforderungen ermittelt

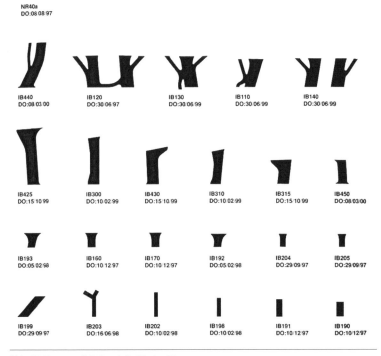

Abb. 57: Maxwan, Brücken in Leidsche Rijn

die die Kreuzung annehmen muss, um den funktionalen Anforderungen zu entsprechen.

Genau diese Methode wurde von Maxwan (Rients Dijkstra und Rianne Makkink) benutzt, um 30 Brücken in der neuen Stadt von Leidsche Rijn, Niederlande, zu konstruieren (1997–2000). Die Brücken sind genau auf die spezifischen Verkehrsbedingungen zugeschnitten worden: Jede hat separate Decks für jeden Benutzertyp, und jede Brücke reagiert auf die prognostizierten Verkehrsmengen und -arten. > Abb. 56 und 57

Nach Alexander ist eines der größten Probleme beim architektonischen Entwurf die Neigung, Fragen verbal zu formulieren. Anstatt mit abstrakten sprachlichen Konzepten zu operieren, empfiehlt er, jeden Entwurfsauftrag in konkrete Teilprobleme zu zerlegen, diese zu lösen und sie dann in ein hierarchisches Ganzes zu integrieren. Auf dieser Grundlage entwickelte Alexander eine „Muster-Sprache" (das entsprechende Buch heißt denn auch *A Pattern Language,* 1977), die universell gültige formale Lösungen an die jeweiligen Ereignismuster anpasst, wodurch sie jene „namenlose Qualität" erzeugt, die „guter Architektur überall und zu jeder Zeit gemeinsam ist". Er behauptet, diese Qualität bestehe aus insgesamt fünfzehn grundlegenden Komponenten: Maßstabniveaus; starke Zentren; Grenzen; alternierende Wiederholung; positiver Raum; gute Form; örtliche Symmetrien; tiefe Verzahnung und Ambiguität; Kontrast; Gefällelinien; Rohheit; Echos, Leere; Einfachheit und innere Ruhe und schließlich Ungetrenntheit. Diese Qualitäten sollen beispielsweise durch seinen eigenen Entwurf für eine Säule in San José, Kalifornien, veranschaulicht werden.

Alexander beschreibt das Bauen als endlosen Prozess, bei dem das beste Resultat erzielt wird, wenn der Architekt den Bewohnern hilft, die richtigen Muster zu finden. In diesem Sinne kann die Muster-Sprache als eines der fortschrittlichsten Konzepte einer benutzerorientierten Planung betrachtet werden: Sie ermöglicht es auch architektonischen Laien, die baulichen Optionen und deren Konsequenzen zu verstehen und anschließend begründete Entscheidungen darüber zu treffen, was gebaut werden soll.

Muster sind bei Alexander Beziehungen zwischen Objekten in jedem Maßstab, von Städten bis hin zu baulichen Details. Die Muster schlagen einen Lösungstyp für ein allgemeines Entwurfsproblem vor, sollen aber nicht immer auf genau die gleiche Weise reproduziert werden. In *A Pattern Language* wird eine kurze verbale Beschreibung jedes Musters wiedergegeben, ein Argument, das dessen Vorzüge erläutert, und in der Regel auch ein visuelles Diagramm. Jedes Muster muss auf die anderen bezogen werden: nicht nur auf die im größeren Maßstab, in denen es enthalten ist, sondern auch auf die im kleineren Maßstab, die in ihm enthalten sind. Die Methode ist jedoch eine hierarchische: Laut Alexander muss ein Ausgangsmuster gewählt werden, mit dessen Hilfe anschließend die anderen bestimmt werden können.

Abb. 58: Christopher Alexander, Pattern #88

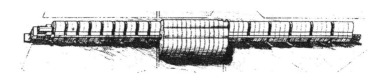

Abb. 59: Christopher Alexander, Café Linz

1980 erhielt Alexander den Auftrag, ein Café für ein größeres Ausstellungsgebäude in Linz, Österreich, zu entwerfen. Er behauptet, er habe dabei 53 der in seinem Buch *A Pattern Language* enthaltenen 253 Muster angewendet, spezifiziert aber nicht, welches von ihnen das Ausgangsmuster gewesen ist. Wahrscheinlich war es Nr. 88, „Straßencafé". > Abb. 58

Dieses Diagramm empfiehlt, dass das Café als Blickfang und als eine Art von Bühne zur Straße hin ausgerichtet wird. In diesem Fall gab es an dem Bauplatz jedoch keine Straße. Aus diesem Grund wendete Alexander das Muster Nr. 101 an, „Durchgang durch ein Gebäude", und interpretierte den inneren Korridor des langen Ausstellungsgebäudes als eine Art von Straße. > Abb. 59 und 60

Laut Alexander beginnt der Entwurfsprozess mit der Bestimmung des grundlegenden Funktionsmusters unter Berücksichtigung der Eigenschaften des Bauplatzes. In Linz gelangte er zu dem Ergebnis, dass das Café in Richtung der Nachmittagssonne und des Flusses ausgerichtet werden sollte und dass es hoch genug liegen müsse, um einen Blick auf die Flusslandschaft zu gewähren.

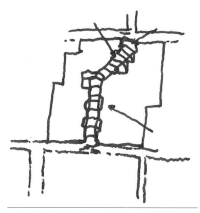

Abb. 60: Christopher Alexander, Pattern #101

Außerdem wendete er das Muster Nr. 163 an, um einen teilweise von einem Dach, teilweise von Mauern begrenzten Gemeinschaftsplatz zu schaffen. Das Muster Nr. 161 kam zum Einsatz, um diesen Platz zur Sonne hin auszurichten, und das Muster Nr. 176 wurde benötigt, um für Sitzbereiche in einer grünen Umgebung zu sorgen.

Alexander glaubte, dass der Eingang zum Café besonders gelungen war. Unter Anwendung der Muster Nr. 110 und Nr. 130 platzierte er den Eingang so, dass dieser direkt sichtbar und über den Hauptdurchgang zugänglich ist und darüber hinaus eine auffällige Form besitzt. Außerdem sollte der Eingangsbereich teils innerhalb und teils außerhalb des Gebäudes liegen.

Wie das Beispiel des Linzer Cafés demonstriert, lässt die Muster-Sprache viele Optionen offen. Alexander selbst betont, dass emotionale und atmosphärische Qualitäten die ausschlaggebenden Gründe für seine Entscheidungen gewesen seien. Dennoch sind viele seiner Muster denkwürdig, wenn man sich vergegenwärtigt, dass diese kaum universell gültig sind, sondern eher ein mediterran-kalifornisches Ideal von gutem Leben in einer geselligen, mittelständisch geprägten Gemeinschaft verkörpern. Eine besondere Herausforderung liegt in der Aufgabe, die Lösungen für Teilprobleme so miteinander zu kombinieren, dass sich ein harmonisches Ganzes ergibt.

Vorläufer

Während Alexander behauptet, man könne jedes Muster tausendmal anwenden, ohne sich dabei auch nur ein einziges Mal zu wiederholen, haben andere Architekten strenger definierte Lösungen vorgeschlagen. Schon um 1800 formulierte Jacques-Nicolas-Louis Durand eine typologische Theorie, welche die Architektur als die Kunst betrachtete, eine gegebene Anzahl von Bauelementen (Pfeiler, Eingänge, Treppen usw.) in einer orthogonalen Komposition mit dem Ziel anzuordnen, eine einfache und kostengünstige Lösung zu finden. Pfeiler sollten an den Schnittpunkten, Wände auf den Achsen und Öffnungen an den Mittelpunkten der Module platziert werden. Durands „formule graphique" kann somit als Vorläufer der standardisierten und vorgefertigten Bauteile betrachtet werden, die später entwickelt wurden.

Viele Theoretiker der Typologie haben jedoch ein anderes Verständnis des Begriffs „Typ" zu Grunde gelegt – eines, das bei den Standardelementen ein gewisses Maß an Variation gestattet. Im Allgemeinen stellt die Typologie eine Klassifizierung von Gebäuden (oder Bauteilen) auf der Basis formaler oder funktionaler Ähnlichkeiten dar. Eine Basilika zum Beispiel ist ein Typ, der durch eine lineare Grundrissgestaltung charakterisiert wird: Es gibt ein Mittelschiff, das von zwei oder vier Seitenschiffen flankiert wird, wobei die Seitenschiffe niedriger sind, sodass das Mittelschiff zum Teil durch Fenstergaden beleuchtet wird. Diese Typologie ist jahrhundertelang sehr beliebt gewesen. Es gibt Tausende von Kirchen, die unterschiedlich aussehen mögen, aber dennoch alle diesem Typ angehören.

In den 1960er Jahren kam es durch Architekten wie Aldo Rossi zu einer Wiederbelebung der Typologie als Entwurfsmethode. Rossi hatte eine Vorliebe für extrem reduzierte strukturelle und räumliche Typen, die auf vernakuläre und klassische Traditionen zurückgehen. Er behauptete, dass sie einen Bezug zur Umgebung herstellen und das kollektive Gedächtnis der Gemeinschaft verkörpern. Rossi bestand immer darauf, dass Typen bloß gedankliche Konstrukte und niemals mit den physischen Formen von Gebäuden identisch seien. Trotzdem verwendete er bei seinen Gebäuden Grundtypen in einer sehr reinen Form, ungeachtet der Größe oder Funktion des jeweiligen Objekts. So findet sich die Form eines achteckigen Turms nicht nur bei einer Sekundarschule (1970) in Broni, Italien, sondern auch bei Rossis berühmtem Theaterboot, dem Teatro del Mondo (1979) in Venedig, und bei einer von ihm für Alessi entworfenen Kaffeekanne (La Conica, 1982). Den Eingang zur Schule in Broni zeichnet eine vereinfachte klassische Tempelfront mit einer Uhr aus, und ähnlich sind Rossis Entwürfe für ein großes Theater (1990) in Genua, eine kleine

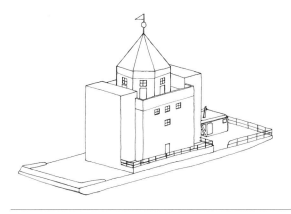

Abb. 61: Aldo Rossi, Theaterschiff Teatro del Mondo

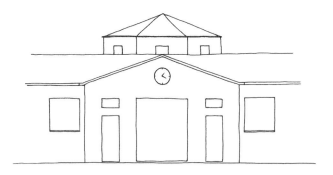

Abb. 62: Aldo Rossi, Schule in Broni

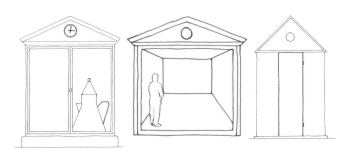

Abb. 63: Aldo Rossi, gleiche Form bei einer Kaffeekanne, einer Vitrine, einer Strandkabine und einer Theaterbühne

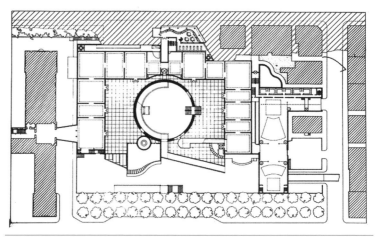

Abb. 64: James Stirling, Neue Staatsgalerie, Stuttgart

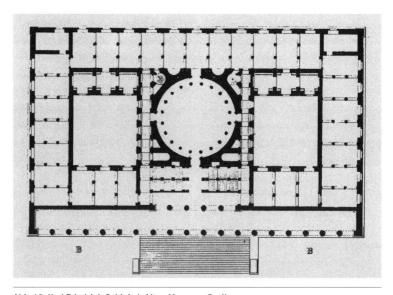

Abb. 65: Karl Friedrich Schinkel, Altes Museum, Berlin

Strand-Umkleidekabine und für eine Ausstellungsvitrine gestaltet. > Abb. 61, 62 und 63

Ein traditionelleres Verständnis von Typ hebt dessen Flexibilität hervor. Im frühen 19. Jahrhundert unterschied der französische Ästhetiker Antoine-Chrysostôme Quatremère de Quincy zwischen „Modell" und „Typ": „Das Modell ist ein Objekt, das so wiederholt werden soll, wie es

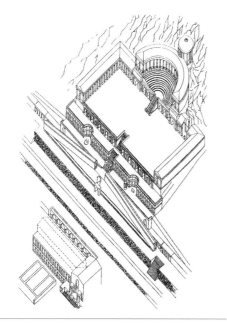

Abb. 66: Heiligtum der Fortuna Primigenia, Palestrina

ist; der Typ hingegen ist eine abstrakte Vorlage, nach der unterschiedliche Künstler Werke erschaffen, welche keine augenfällige Ähnlichkeit
aufweisen müssen. Beim Modell ist alles genau und definiert; beim Typ
ist alles mehr oder minder unbestimmt." Die in Rossis Liste enthaltenen
festen Formen könnten als Modelle betrachtet werden, während die
Mehrzahl der typologisch orientierten Architekten eher an der Variabili-
tät von Typen und deren Abhängigkeit von der historischen und sozialen
Situation interessiert ist.

James Stirlings Neue Staatsgalerie (1978–83) in Stuttgart ist ein re-
präsentatives Beispiel für einen postmodernen typologischen Entwurf.
Statt eine einfache, in sich geschlossene Form anzustreben, kombiniert
Stirling zwei unabhängige Grundtypologien, um ein unentscheidbares
Ganzes zu produzieren. Einerseits geht die Entwurfsgestaltung – eine
Rotunde innerhalb eines rechteckigen Grundrisses – auf den Museums-
typ zurück, den Karl Friedrich Schinkel mit seinem Alten Museum (1823–
30) in Berlin eingeführt hatte; die entlang der Frontseite der Staatsgalerie gepflanzten Baumreihen reproduzieren die ionische Kolonnade
des Schinkel'schen Museums. Andererseits verweisen die Rampen, die
Stirlings Gebäude mit der Straße verbinden, auf einen anderen Typ, wie
er sich zum Beispiel im Terrassentempel der Fortuna Primigenia (um
80 v. Chr.) in Palestrina manifestiert. > Abb. 64, 65 und 66

Abb. 67: Le Corbusier, Kirche in Ronchamp

Das Prinzip, offenbar widersprüchliche Typologien zu kombinieren, ist schon immer sehr beliebt gewesen. So ist die Hagia Sophia (532–37/558–562) in Istanbul gleichzeitig eine Basilika, eine kreuzförmige Kirche und eine zentralisierte Neuinterpretation des Pantheon. Auf ähnliche Weise kombiniert Johann Balthasar Neumann bei seiner Wallfahrtskirche Vierzehnheiligen (1743–72) bei Lichtenfels, Deutschland, einen longitudinalen und einen zentralisierten Grundriss: Vom Eingangsportal aus scheint diese Kirche eine Basilika mit Seitenschiffen zu sein, doch weiter im Inneren schwingen die Kolonnaden zurück und erwecken den Eindruck eines zentralisierten Raumes mit dem Heiligenaltar in der Mitte. Le Corbusiers Kapelle Notre-Dame du Haut (1954) in Ronchamp, Frankreich, ist ähnlich strukturiert: Eine Seite der Kirche verspricht eine longitudinale Anordnung, die andere einen kreuzförmigen Grundriss. > Abb. 67

Robert Venturis erstes Gebäude, das Haus für seine Mutter (1962) in Chestnut Hill, Pennsylvania, könnte als eine bewusst widersprüchliche Komposition verstanden werden. Der Entwurfsprozess ist ausführlich dokumentiert worden. Aus ihm geht hervor, dass der Architekt nicht abgeneigt war, viele Ideen auszuprobieren: Venturi erstellte insgesamt zehn völlig unterschiedliche Entwürfe, bis er schließlich bei der Version angelangt war, die realisiert wurde.

Die Fassade kombiniert ein archetypisches Bild eines Hauses mit Anspielungen auf ägyptische Pylone, mit barocken Portalen und modernen Fensterbändern. > Abb. 68 Die Hauptfassade ist symmetrisch und verfügt über ein, wie es zunächst scheint, gewöhnliches Satteldach und einen riesigen Kamin, wie man dies bei der Kinderzeichnung eines Hauses erwarten würde. Auf der einen Seite der Fassade befindet sich jedoch ein eher traditionelles quadratisches Fenster und auf der anderen ein modernes Fensterband, das auch gut zu Le Corbusiers Villa Savoye passen würde. Der Bogen über dem Eingang deutet allerdings darauf hin, dass es eine verborgene Affinität geben könnte: Beide Seiten besitzen

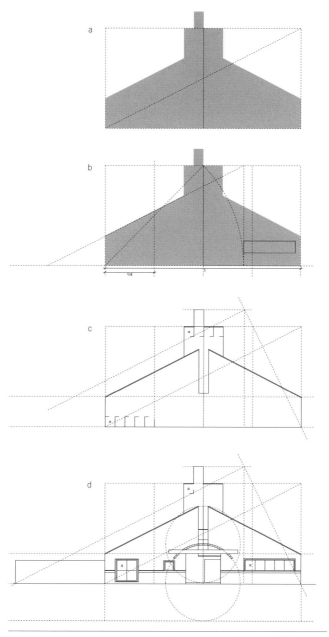

Abb. 68: Robert Venturi, House Vana Venturi, Diagramme der wichtigsten Entwurfsschritte

fünf Fensterquadrate, wobei die Fenster auf der rechten Seite in einer Längsreihe angeordnet sind, während jene auf der linken Seite zwei quadratische Konfigurationen aufweisen – eine mit vier, die andere mit nur einem Fenster. Der Bogen berührt eine der Ecken des einzelnen Fensters und deutet auf der rechten Seite auf ein nicht vorhandenes Quadrat derselben Größe hin (d).

In diesem Fall werden die typologischen und morphologischen Bezüge auch geometrisch kontrolliert. Die Fassade kann in ein Doppelquadrat eingeschrieben werden, das durch die Seitenwände des Hauses und durch das Volumen des Kamins umrissen wird (a). Wird die Diagonale jedes Quadrats nach unten gedreht, um ein Rechteck aus der Wurzel von zwei zu erzeugen, so ergibt sich daraus die Position der Fenster (b). Ferner lässt sich die Dachlinie herleiten, indem zunächst die Diagonale des Doppelquadrats gezeichnet und diese Diagonale anschließend bis zum Rand des Rechtecks aus Wurzel zwei verschoben wird (c). > Abb. 68

UMWANDLUNG EINES SPEZIFISCHEN MODELLS

Der typologische Entwurf ist nicht die einzige Möglichkeit, um sich auf einen Vorläufer zu beziehen. Architekten können auch spezifische historische Gebäude zum Ausgangspunkt eines Entwurfs machen. So hat bei Ludwig Mies van der Rohes Entwurf für den Deutschen Pavillon der Weltausstellung (1929) in Barcelona eine ganze Reihe nicht nur architektonischer, sondern auch künstlerischer Vorbilder Pate gestanden. Architekturkritiker haben darauf hingewiesen, dass die Mies'schen Grundrisse – mit ihren auf einem orthogonalen Raster angeordneten Wänden als unabhängige Elemente, die mitunter in die Ferne hinausragen – an die Gemälde der Künstlergruppe De Stijl erinnern. Manche Charakteristika des Barcelona-Pavillons, wie zum Beispiel die offenen Glasecken, könnten sich auch auf Frank Lloyd Wrights Prärie-Häuser beziehen. Noch wichtiger könnte jedoch die klassische Tradition sein. Es ist kein Zufall, dass der Grundriss des Pavillons (genauso wie das daneben befindliche Wasserbecken) die Proportionen des Parthenons von Athen wiederholt. Ferner entsprechen die Säulen des Tempels den Wänden des Ausstellungsgebäudes, und die Wände der „Cella" des Parthenons korrespondieren mit den Pfeilern in Mies' Entwurf. Außerdem entspricht das Wasserbecken im Inneren des Pavillons der Unterteilung des Tempels in „Adyton" und „Opisthodomos". Das Ausstellungsgebäude enthielt auch noch eine Frauenskulptur (von Georg Kolbe, 1929), die den Platz der Athena Parthenos im griechischen Tempel einnahm. Diese klassischen Akzente waren während der Ausstellung 1929 noch offensichtlicher als heute, da damals eine Reihe von frei stehenden griechischen Säulen vor der Fassade des Mies'schen Gebäudes stand. > Abb. 69

Werden ältere architektonische Werke aufgenommen, ist es wichtig, diese zu transformieren, anstatt die vertrauten Bestandteile lediglich nachzuahmen. Eine andere Art des Umgangs mit einem Vorläufer demon-

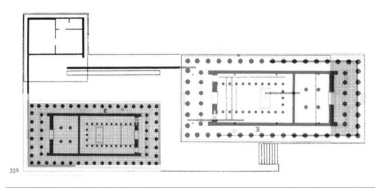

Abb. 69: Ludwig Mies van der Rohe, Barcelona Pavillon mit skalierten Grundrissen des Parthenons

striert die von Rem Koolhaas und OMA entworfene Villa dall'Ava (1991) bei St. Cloud nahe Paris. › Abb. 70 Herausgefordert, ein Meisterwerk zu schaffen, entschloss sich Koolhaas, eine architektonische Vorlage zu bearbeiten, in diesem Fall Le Corbusiers Villa Savoye (1930) im benachbarten Poissy. Wie die frühere Villa veranschaulicht auch Koolhaas' Gebäude Le Corbusiers „fünf Punkte" einer neuen Baukunst: „Pilotis" (Stützen), „freier Grundriss", „freie Fassade", „Fensterbänder" sowie einen „Dachgarten". Bei Koolhaas' Gebäude werden diese Elemente jedoch in Form von Fragmenten umgruppiert. So taucht ein Segment der gebogenen Glaswand, die sich im Erdgeschoss der Villa Savoye befindet, in der Villa dall'Ava wieder als Innenwand der Küche auf. Le Corbusiers Villa hat einen beinahe quadratischen Grundriss, während Koolhaas' Variation auf einem dem Goldenen Schnitt entsprechenden Raster basiert, das – nach dem Prinzip der Ordnungslinien von Le Corbusier – viermal unterteilt wurde, um die Dimensionen der auskragenden Gebäudeflügel zu bestimmen. Gleichzeitig transformiert Koolhaas die zitierten Elemente: Aus dem Dachgarten wird ein Swimmingpool. Der auf abstrakte Weise geometrische Stuckputz weicht Fassaden aus Wellblech; und die Pilotis unter dem östlichen Schlafzimmer verletzen die strukturelle Logik von Le Corbusiers Maison Domino (1914). Die Umwandlung der Villa Savoye ergibt einen Sinn, denn Le Corbusiers Villa war, wie schon erwähnt, in vielerlei Hinsicht selbst eine Transformation eines früheren Bauwerks, nämlich der von Palladio entworfenen Villa Rotonda in Vicenza. OMAs Maison Lemoine (1998) in Floirac, nahe Bordeaux, kann ebenfalls als eine Variation der Villa Savoye angesehen werden. Während Le Corbusier bei der Villa Savoye das Renaissance-Prinzip einer Massivwand im Erdgeschoss und frei stehender Säulen im oberen Stockwerk, dem „Piano nobile",

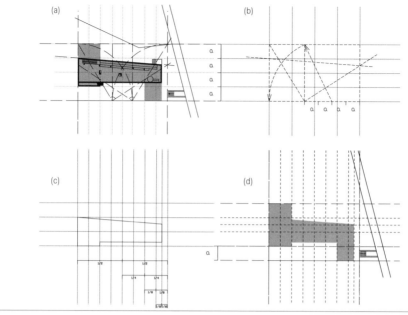

Abb. 70: Rem Koolhaas, Villa dall'Ava, generative Diagramme zur Herleitung des Entwurfs

Abb. 71: Adalberto Libera, Curzio Malaparte,
Casa Malaparte, Capri

Abb. 72: Kirche von Lipari

umkehrte, stellt Koolhaas bei seinem Haus in Bordeaux den Entwurf von Le Corbusier auf den Kopf: Das Erdgeschoss liegt unter der Erdoberfläche, das „Piano nobile" ist eine Ganzglaskonstruktion, und die klassische „Corona aedificii" ist ein massiv wirkender, in der Luft schwebender Block. Bei der Villa dall'Ava wird das Beispiel aus der Vergangenheit in vielerlei Hinsicht umgewandelt, wobei manche Transformationen abstrakter und andere offenkundig eher direkte Zitate des Vorläufers sind. Das Ganze resultiert in einem Entwurf, der eine historische Dimension andeutet. > Abb. 70

Die Vorlage muss auch nicht immer ein anerkanntes Meisterwerk der Architektur sein. Die von Adalberto Libera und Curzio Malaparte entworfene Casa Malaparte (1940) auf der Insel Capri basiert teilweise auf einem historischen Vorbild: Die ungewöhnliche, abgestumpfte Treppe erinnert an die Treppe einer Kirche auf der Insel Lipari, wo Malaparte eine Zeit lang in der Verbannung gelebt hatte. > Abb. 71 und 72

Die Architekten Herzog & de Meuron verwenden oft Elemente, die keinen besonderen architektonischen Wert besitzen. So ließen sie sich bei der Fassade für einen Wohnblock an der Basler Schützenmattstraße (1993) von dem Entwurf der Kanaldeckel in derselben Stadt inspirieren, wobei sie dieses Motiv ausdehnten und vergrößerten, und bei der Dominus Winery (1998) im kalifornischen Napa Valley griffen sie auf ein in den Alpen weit verbreitetes Stützmauer-System zurück.

Reaktionen auf den Bauplatz

REGIONALISMUS

Regionalismus wird ein Ansatz genannt, wenn der Architekt versucht, ortstypische Charakteristika zu übernehmen, die nicht notwendigerweise aus der unmittelbaren Umgebung des projektierten Gebäudes stammen müssen, sondern auch regionale oder sogar nationale Besonderheiten sein können. So entschied sich der Architekt Adolf Loos bei seinem Entwurf für das Haus Khuner (1929) in Payerbach, Österreich, die Außenmauern, wie in jener Gebirgsgegend üblich, aus dunklem Holz zu bauen, während er in einem städtischen Umfeld fast immer weißen Stuckputz favorisierte. > Abb. 73

Die regionalistische Architektur greift jedoch nicht nur aus ästhetischen Gründen auf lokale Materialien und Bautechniken zurück, sondern auch weil die örtlichen Traditionen in der Regel bewährte und nachhaltige Lösungen beinhalten, die dem jeweiligen Klima auf optimale Weise entsprechen, also den Lichtverhältnissen, der Temperatur, der Luftfeuchtigkeit usw. Hassan Fathy gilt als einer der Pioniere des Regionalismus: Bei seinen Gebäuden für das Dorf Neu-Gourna (1948) in Ägypten griff er auf uralte Baumethoden wie die Verwendung luftgetrockneter Lehmziegel (Adobe) zurück und sorgte mit kompakten Ziegelmauern und traditionellen Innenhöfen für eine passive Kühlung. Über die technischen Vorteile hinaus ermöglichten es diese regionalistischen Techniken Fathy, ortsansässige Arbeitskräfte, darunter die zukünftigen Dorfbewohner, in den Entwurfs- und Bauprozess einzubeziehen und beeindruckende Resultate zu niedrigen Kosten zu erzielen. Die von den finnischen Architekten Mikko Heikkinen und Markku Komonen entworfene Villa Eila (1995) in der Stadt Mali in Guinea ist ein zeitgenössisches Beispiel für Regiona-

Abb. 73: Adolf Loos, Haus in Payerbach

Abb. 74: Hassan Fathy, Adobe-Architektur **Abb. 75: Heikkinen und Komonen, Villa Eila**

lismus, das auf die sengende Sonne und die hohe Luftfeuchtigkeit der tropischen Küste Westafrikas reagiert. > Abb. 74 und 75

Während Loos' Haus Khuner in Bezug auf das Baumaterial der traditionellen Architektur weitgehend entsprach, übernahm er einige andere traditionelle Merkmale wie zum Beispiel ein hohes Dach nicht. Insofern könnte das Haus Khuner auch einem „kritischen Regionalismus" zugeordnet werden, wie Alexander Tzonis, Liane Lefaivre und Kenneth Frampton diese Bauweise bezeichnet haben. Frampton betrachtet die Dinge von einem arrièregardistischen Standpunkt: Er distanziert sich gleichermaßen von der vorindustriellen Vergangenheit wie vom Fortschrittsglauben der Aufklärung. In seiner Analyse konzentriert sich der kritische Regionalismus auf lokale Besonderheiten, um sich der Uniformität der kapitalistischen Moderne zu widersetzen, indem er das allumfassende Spektrum der ihm vererbten Weltkultur „dekonstruiert" und die universale Zivilisation kritisiert. Auf einer konkreteren Ebene empfiehlt Frampton den Architekten, lokale Materialien auf eine tektonische Weise zu verwenden und die tatsächliche Baukonstruktion zu offenbaren und nicht die abstrakten und „generischen" Konstruktionen, wie sie für die internationale Moderne typisch sind.

Die Häuser, die Mario Botta in den späten 1970er und in den 1980er Jahren im schweizerischen Kanton Tessin baute, können als Beispiele für kritischen Regionalismus angesehen werden. Als Schüler von Le Corbusier wendet Botta die einfache und abstrakte Geometrie der Moderne an, doch bei den Materialien greift er auf lokale Bautraditionen zurück. So imitieren viele seiner Häuser die für die Region charakteristischen gestreiften Mauern.

Ein Paradebeispiel für kritischen Regionalismus, wie er von Frampton definiert wird, ist die von Jørn Utzon entworfene Kirche (1976) in Bagsvaerd, nahe Kopenhagen. Anhand dieses Sakralbaus veranschaulicht Frampton die Idee einer selbstbewussten Synthese von universaler Zivilisation und Weltkultur. Mit ihren Anklängen an landwirtschaftliche

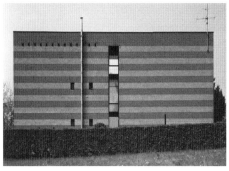

Abb. 76: Mario Botta, Casa in Ligornetto   Abb. 77: Traditionelle Architektur im Tessin

Zweckbauten wie etwa Getreidesilos wirkt die aus Betonfertigteilen bestehende Außenseite des Gebäudes wie ein Beispiel für die rationale
universale Zivilisation, während der Innenraum mit seinen organischen,
„in situ" gefertigten Betonschalen nicht nur auf tektonische Kanons des
Westens anspielt, sondern auch auf ein Vorbild aus dem Osten, das chi-
nesische Pagodendach. Im Ergebnis vermeidet das Gebäude sowohl
sentimentalen Heimatstil als auch den gegenwärtigen Kirchenkitsch und
stellt eine erneuerte und regional artikulierte Basis für das Spirituelle in
einem weltlichen Zeitalter bereit. > Abb. 76 und 77

KONTEXTUALISMUS

Die Übernahme regionaler Besonderheiten ist nicht die einzige Möglichkeit, um auf den Bauplatz zu reagieren. Postmoderne Architekten wie
O. M. Ungers zeichnen abstrakte Diagramme von der ortstypischen
Morphologie (Dachwinkel, Fensterachsen, Körnung usw.) und versuchen
anschließend, eine neue Komposition mit ähnlichen Charakteristika zu
entwickeln, so wie Ungers es 1978 mit seinem Plan für eine Stadthalle in
Hildesheim, Deutschland, vorexerzierte.

Der Wiener Media Tower (1994–2001) von Hans Hollein ist ein noch
zwingenderes Beispiel für den sich vom typologischen Entwurf unter-
scheidenden Kontextualismus, denn Hollein ignorierte die in Wien übli-
che Blockbauweise und stellte stattdessen ein idiosynkratisches Gemisch
aus verschiedenen Elementen zusammen. Mit Ausnahme eines hohen
Glasturms imitieren die Fassaden des Bauwerks die Farben, Proportionen und die Befensterung der Nachbargebäude. Hollein variierte jedoch
nicht nur die äußere Schale, damit diese ihrer Umgebung entspricht, sondern entwarf zusätzlich einen eigenartigen, schiefen Glaskasten, der an
der Straßenecke als Blickfang dient. > Abb. 78 und 79

Richard Meier entwickelte seinen Entwurf für das Frankfurter
Museum für Kunsthandwerk (1980–84) > Abb. 81 auf eine abstraktere Weise

Abb. 78: Hans Hollein, Media Tower Wien

Abb. 79: Hans Hollein, Korrespondenz des Media Tower mit benachbarten Fassaden

aus dem Bauplatz (a). Sein Ausgangspunkt war eine Villa aus dem 19. Jahrhundert, die er als Modul verwendete, um ein 4 × 4-Raster zu definieren. Aus diesem Raster isolierte er dann die Eckquadrate, um einen „Castello"-Typ zu schaffen, bei dem das alte Gebäude einer von vier „Ecktürmen" ist. Die Ecken lassen auf zwei Hauptachsen schließen, die Meier als Gehwege definierte, welche ein Vierquadrat bilden (b). Die Anordnung ist jedoch reichhaltiger und ambitionierter, als es auf den ersten Blick scheinen mag (d).

Das neue Gebäude bildet eine L-Form und damit ein besonderes Objekt, welches die alte Villa umrahmt (c). Diese L-Konfiguration kann als Grund dafür angesehen werden, dass die beiden Hauptachsen vom Zentrum nach Südosten verschoben werden (e). Es gibt jedoch noch andere Zentren, die ebenfalls die Aufmerksamkeit auf sich ziehen. Das zweite besondere Element ist der Hof, der die Eingangsachse abschließt. Das Innere der Kolonnade hat die Breite des Moduls und ist von Wandelgängen umgeben, die den offenen Raum erweitern. Die Breite des Hofes entspricht einem Drittel der Breite des Gebäudes, was darauf hindeutet, dass der offene Raum ein Fragment einer Neunquadrat-Konfiguration sein könnte, mit dem leeren Quadrat, artikuliert als Hofe, im Mittelpunkt des Komplexes. Das dritte spezielle Element besteht aus den runden Fragmenten, die den Museumseingang bilden.

Abb. 80: Richard Meier, Kunstgewerbemuseum Frankfurt/Main, Ansicht

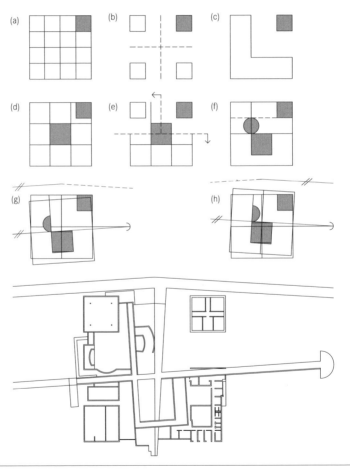

Abb. 81: Richard Meier, Kunstgewerbemuseum Frankfurt/Main, generative Diagramme zur Herleitung des Entwurfs

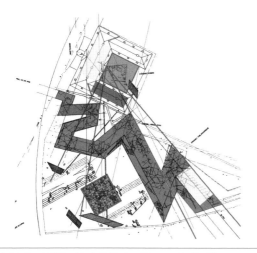

Abb. 82: Daniel Libeskind, Jüdisches Museum Berlin, Diagramm

Werden die Fragmente zusammengesetzt, entsteht ein Kreis, der dem ursprünglichen Raster entspricht (f). Die Fragmentierung erfolgt aus zwei Drehungen des Rasters in Anlehnung an den Lauf des Mains (Schaumainkai). > Abb. 80 und 81

Daniel Libeskinds Jüdisches Museum (1989–2001) in Berlin ist ein Beispiel für eine dekonstruktivistische Reaktion auf einen gegebenen Kontext. Obwohl der Architekt ähnliche Figuren, die wie ein Blitz gezackt sind, bereits bei früheren Entwürfen verwendet hatte und er ursprünglich vielleicht von Michael Heizers Land-Art-Projekt Rift, der ersten der Nine Nevada Depressions (1968), inspiriert worden war, reagiert die komplizierte Form hier auf ihre unmittelbare Umgebung, insbesondere auf den Barockbau des alten Museums, als dessen Erweiterung das neue Museum zuerst betrachtet wurde.

Die Kunst des Barocks betonte häufig Diagonalen und strahlenförmige Anordnungen. Dementsprechend legte Libeskind sein mäanderndes Gebäude so an, dass viele seiner Seitenmauern auf die rückwärtige Fassade des Altbaus zulaufen. Auch die unterschiedlichen Breiten des neuen Museums korrespondieren mit oder ohne Korridore mit den Flügeln des alten Gebäudes. Der E. T. A.-Hoffmann-Garten weist in Libeskinds Entwurf exakt die Ausmaße des Hofes im Altbau auf. Die Komposition beinhaltet auch eine Achse, die das neue Museum an mehreren Stellen durchschneidet und einen leeren, für das Publikum nicht zugänglichen Raum erzeugt. Jene Segmente der Achse, die sich nicht innerhalb des Museums befinden, erscheinen als deplatzierte, frei stehende Baukörper. > Abb. 82

Generative Prozesse

SUPERPOSITION UND SCALING

Seit einer 1969 im New Yorker MoMA veranstalteten Ausstellung gehörte Richard Meier einer unter dem Namen „The New York Five" bekannten Architektengruppe an. Ein anderes Mitglied dieser Gruppe, Peter Eisenman, hat mit noch rigoroseren und komplexeren Entwurfsmethoden experimentiert. Beeinflusst von den Thesen des Philosophen Jacques Derrida, wonach keine Bedeutung jemals fest oder ein für allemal entscheidbar und kein System jemals geschlossen oder rein sein kann, entwickelte Eisenman eine Reihe von Entwurfsmethoden – genau genommen hat er für jedes seiner Projekte eine neue Methode ersonnen –, die sich nicht nur mit formalen Fragen befassten, sondern auch nicht architektonische Informationen berücksichtigten.

Das „Scaling" ist ein gutes Beispiel für die von Eisenman eingesetzten Techniken. Der Begriff „Scaling" (deutsch: „Maßstabsveränderung") stammt aus der fraktalen Geometrie, die, wie Eisenman fand, der Vorstellung Derridas von Dekonstruktion entsprach. Demnach führt die Demontage von Strukturen zur Ausdehnung der Grenzen konzeptueller Strukturen. In einem Fraktal wird die selbstähnliche Figur in unterschiedlichen Maßstäben wiederholt, und keiner dieser Maßstäbe kann als der ursprüngliche betrachtet werden. Dieses Fehlen eines originären Maßstabs gefiel Eisenman, denn es stimmte mit Derridas These überein, dass

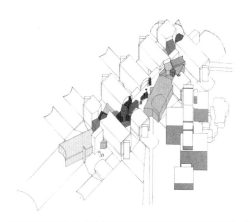

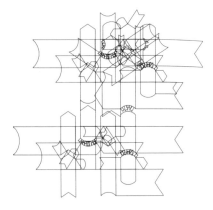

Abb. 83: Peter Eisenman, Biozentrum Frankfurt/Main, Diagramm

Abb. 84: Peter Eisenman, Überlagerung der Symbole der vier DNA-Basen Adenin, Thymin, Guaninund, Cytosin zur Formgeneration des Biozentrums

Bedeutung keine originäre Quelle habe. Im Unterschied zu manchen anderen Architekten verwendete Eisenman bei seinen Entwürfen Fraktale jedoch nie als solche. Stattdessen wählte er einige Zeichnungen mit unterschiedlichen Maßstäben aus, die er dann übereinanderlegte oder „überlagerte" (englisch: „to superpose"), wie bei seinem Entwurf für das Biozentrum der Universität Frankfurt a. M. (1987). Aus dem daraus resultierenden komplexen Liniennetz wählte er Figuren aus, die Fragmente der verschiedenen ursprünglichen Zeichnungen kombinierten, ohne dass er dabei neue Linien hinzufügte. > Abb. 83 und 84

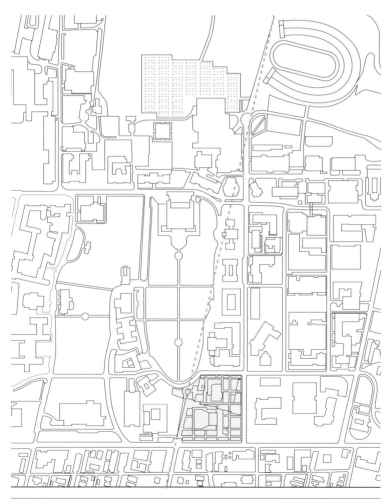

Abb. 85: Peter Eisenman und Richard Trott, Lageplan Wexner Center mit Achse zum Football-Stadion

Abb. 86: Old Armory (links) und Neubau Wexner Center (rechts) an der Ohio State University

Das erste große dekonstruktivistische Gebäude, das realisiert wurde, das Wexner Center (1983–89) von Eisenman und Richard Trott, unterminiert die gängigen Vorstellungen von Kontextualismus durch den Einsatz von „Superposition" und „Scaling". Es reagiert nicht auf seine Nachbarn, die Gebäude auf dem Campus der Ohio State University, sondern vielmehr auf räumlich oder zeitlich weit entfernte physische Gegebenheiten – etwa so wie Moscheen, die nach Mekka ausgerichtet sind. Während die formale Lösung des Wexner Centers auf dem um 12¼° verschobenen Straßenraster der Stadt Columbus basiert, das in das Raster des Universitätscampus eingeführt wird, werden Standort und Hauptachsen des Gebäudes eindeutig von dem mehrere Straßenblocks entfernten Football-Stadion bestimmt. Es gibt sogar einen Bezug zu einem Ort, der 130 Kilometer westlich von Columbus liegt: Am nördlichen Ende des Baugeländes wird die komplexe, aber rationale Kollision der beiden Raster durch eine Nachbildung der, wie Eisenman es nennt, Greenville Trace kompliziert. Diese ist eine Verformung im Jeffersonian Grid (Raster zur Aufteilung der Fläche der USA von 1784), die entstand, weil sich die beiden Landvermessertrupps, die das Territorium von Ohio aus entgegengesetzten Richtungen kartierten, um anderthalb Kilometer verfehlten. Selbst wenn Eisenman auf dem Baugelände ältere Gebäude imitiert, sind die Bezüge zeitlich entrückt: Die postmodernen Türmchen empfinden die Formen des „Old Armory" nach, einer Turnhalle, die 1958 abgerissen worden war. Diese unterschiedlichen Materialien werden in diagrammartigen Zeichnungen festgehalten, die in vier unterschiedlichen Maßstäben dupliziert und übereinandergelegt werden, um ein komplexes Gewebe zu erzeugen. Aus dieser zusammengesetzten Zeichnung wählt Eisenman dann einige Linien aus, um Fragmente der Originalzeichnungen anzudeuten. > Abb. 85, 86 und 87

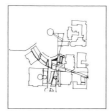
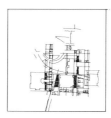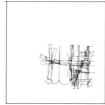

Abb. 87: Peter Eisenman, Entwurfsdiagramme zum Wexner Center

MORPHING, FOLDING UND ANIMATE FORM

Außer mit „Superposition" und „Scaling" experimentierte Eisenman auch noch mit anderen Methoden der Bearbeitung gegebener Bilder. In den späten 1980er Jahren erfreute sich die durch ein preiswertes Softwareprogramm ermöglichte Technik des „Morphing" für kurze Zeit großer Beliebtheit. Dabei wurden zwei (oder mehr) Bilder ausgewählt, und von jedem wurden einige wichtige Punkte bestimmt. Anschließend wurden die Bilder schrittweise ineinander transformiert. Der Entwurf verkörperte in der Regel einen Zustand in der Mitte des Transformationsvorgangs, einen Punkt, an dem die Eigenschaften der ursprünglichen Bilder nicht mehr zu erkennen waren. Um den Ansatz ihres Büros UN Studio zu beschreiben, haben Ben van Berkel und Caroline Bos des Öfteren auf ein „gemorphtes" Bild des Künstlers Daniel Lee verwiesen, das den Titel *Manimal* trägt und eine Verschmelzung der Bilder eines Löwen, einer Schlange und eines menschlichen Gesichts darstellt.

Auf eine etwas seriösere Weise wurde das „Morphing" mit dem Werk des Biologen D'Arcy Wentworth Thompson verknüpft. Dieser kam 1916 zu dem Ergebnis, die Entwicklung einer wissenschaftlichen Morphologie sei durch die psychische Neigung vereitelt worden, organische Formen immer nur in ihrer Abweichung von der euklidischen Geometrie wahrzunehmen, anstatt deren Ähnlichkeiten zu würdigen. Greg Lynns Entwurf für das Welsh National Opera House (1994) in Cardiff, Wales, ist ein Beispiel für eine ähnliche Variation von Grundformen.

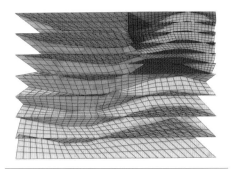

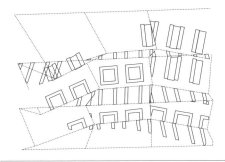

Abb. 88: Peter Eisenman, Rebstock Park Frankfurt, Diagramm der „Faltung" des Grundstücks

Abb. 89: Peter Eisenman, Rebstock Park, durch Faltung manipulierte Baukörper

Eine andere Technik, die „Folding" genannt wird, wurde manchmal buchstäblich als eine Art Origami verstanden – z. B. Eisenmans Entwurf für den Frankfurter Rebstock Park (1991) – und manchmal als eine Adaption der Katastrophen- oder Chaostheorie. > Abb. 88 und 89

Der französische Mathematiker René Thom entwickelte die Katastrophentheorie ursprünglich als Methode zur mathematischen Beschreibung der biologischen Morphogenese. Vor allem in den 1990er Jahren versuchten manche von Eisenmans Anhängern, solche Theorien für Zwecke der Formgestaltung heranzuziehen. Lynn zum Beispiel forderte eine „belebte Form", die er entwickelte, indem er äußere Informationen wie die sich ändernden Lichtverhältnisse in seine Entwürfe einbezog, um emergierende, unerwartete, nicht voraussagbare, dynamische und völlig neuartige architektonische Anordnungen zu produzieren.

Eine der Hauptideen hinter Greg Lynns nicht realisiertem Entwurf für das Wiener Wasserstoffhaus (2001) bestand darin, dass dieses Gebäude die Bewegungen der vorbeifahrenden Autos und der Sonne auf zusammenhängenden topologischen Oberflächen registrieren sollte, die aus Splinen, aus sanften und von einem Computerprogramm entworfenen Kurven, bestanden. Ähnlich wie die Chronofotografien, die der französische Physiologe Étienne Jules Marey gegen Ende des 19. Jahrhunderts anfertigte, deutet das Hydrogen House Bewegung an, indem es Variationen einer Form in einer linearen Abfolge anordnet. Die Form ist nicht in dem Sinn belebt, dass sich das Gebäude tatsächlich bewegt, aber seine Oberflächen erfassen die Bewegungen in seiner Umgebung. > Abb. 90

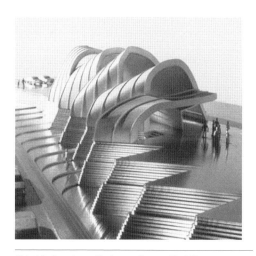

Abb. 90: Greg Lynn, Hydrogen House, Modell

DATASCAPE

Der niederländische Architekt Winy Maas, einer der Partner der Firma MVRDV, hat den generativen Impuls in der architektonischen Methode in eine andere Richtung entwickelt: Sein Konzept der „Datascapes" (deutsch: „Datenlandschaften") kombiniert dekonstruktive Systeme und Entwurfsforschungsansätze – oft mit einem Hauch von Ironie.

Die Idee der „Datascapes" bildet ein fragiles Gleichgewicht zwischen ungezügelter technischer Vernunft auf der einen Seite und Verspottung oder kritischer Betrachtung der Moderne auf der anderen. Als Ausgangspunkte wählte Maas zum Beispiel die Vorschriften der niederländischen Bauordnung, aber er hat auch Fluchtwege für Brände, Lärmverteilungsdiagramme oder Müllentsorgungssysteme in Entwürfe verwandelt. Vorschriften und Beschränkungen werden in die Tat umgesetzt und gleichzeitig mit eiserner Logik ad absurdum geführt. Dahinter steckt die Absicht, Vorschriften in einer reinen und unerwarteten Form zu präsentieren, die über künstlerische Intuition und bekannte Geometrien hinausgeht.

Ein gutes Beispiel für diesen Ansatz ist das MVRDV-Projekt „Monuments Act 2" von 1996. Das Thema, das dabei untersucht wurde, war die Verdichtung des alten Amsterdamer Stadtzentrums, die laut Denkmalschutzgesetz so zu erfolgen hatte, dass Neubauten von der Straße aus nicht sichtbar waren. Der Innenhof eines typischen, über eine Dichte von 0,8 verfügenden Wohnblocks aus dem 18. Jahrhundert wurde mit der maximalen Baumasse gefüllt und oben entsprechend den Sichtlinien von den ringsum gelegenen Straßen abgeschlossen. Mit der daraus

Abb. 91: MVRDV, Monuments Act, Amsterdam, der maximale Neubau wird so weit
reduziert, dass er von der Straße aus unsichtbar bleibt

resultierenden spitzen Baumasse in der Mitte verzehnfachte sich die
Dichte des Wohnblocks auf erstaunliche 7,8. Offensichtlich ist eine solche „Datascape" kein normaler Entwurf, denn der projektierte Neubau
berücksichtigt nur einen einzigen Parameter, nämlich die Unsichtbarkeit
von der Straße aus, und ignoriert bewusst alle anderen Vorschriften der
Bauordnung wie auch alle funktionalen Bedürfnisse. > Abb. 91

DIAGRAMME

Statt dekonstruktiver Techniken oder „Datascapes" empfehlen Ben
van Berkel und Caroline Bos die Verwendung von Diagrammen: abstrakte
Mittel des Nachdenkens über Anordnungen, Beziehungen und mögliche
Welten, wobei die beiden das Diagramm als eine abstrakte Maschine im
Sinne von Gilles Deleuze verstehen. „Sie repräsentiert kein existierendes
Objekt und auch keine existierende Situation, sondern trägt zur Erschaf-
fung neuer Objekte und Situationen bei." Van Berkel und Bos setzen die
unterschiedlichsten Sorten von Diagrammen ein, darunter Flowcharts,
musikalische Notationen, schematische Zeichnungen von Industriege-
bäuden, elektrische Schaltdiagramme, wie man sie in technischen Hand-
büchern findet, Reproduktionen von Gemälden und auch zufällig ent-
standene Bilder. Ungeachtet ihrer jeweiligen Herkunft werden diese
Diagramme von van Berkel und Bos als infrastrukturelle Bewegungsland-
karten interpretiert.

Das Möbius House (1997) in Het Gooi, Niederlande, verkörpert bestimmte Eigenschaften von Diagrammen, die van Berkel und Bos als Ausgangspunkte benutzt hatten, darunter auch eine Zeichnung von Paul Klee.

So biegen sich die Erschließungslinien in dem Gebäude nach innen und außen, genauso wie die Linien in Klees Zeichnung. Der Name des Gebäudes verweist auf ein anderes Diagramm, das Möbiusband. Wenn man die beiden Enden eines längeren Streifens Papier zu einem Ring zusammenklebt, jedoch vor dem Zusammenfügen das eine Ende um 180° verdreht, entsteht ein Möbiusband: eine Fläche, die lokal zwei Seiten zu haben scheint, aber in Wirklichkeit nur eine Seite hat.

Doch anstatt die topologischen Eigenschaften des Möbiusbandes zu reproduzieren, interpretieren die Architekten diese mathematische Struktur als Umwandlung von Gegensätzen. Im Möbius House werden die Fassaden zu Innenwänden, Glas und Beton tauschen die Plätze bei jedem Richtungswechsel: In programmatischer Hinsicht verbindet sich Arbeit mit Muße; in bautechnischer Hinsicht verwandeln sich tragende Elemente in nicht tragende.

Das Haus wurde als ein vierundzwanzigstündiger Lebens-, Arbeits- und Schlafzyklus mit zwei ineinander verschlungenen Pfaden geplant, die verfolgen, wie zwei Menschen zusammen, aber dennoch voneinander getrennt leben können, indem sie sich an Punkten begegnen, die aus gemeinsam genutzten Räumen bestehen. > Abb. 92 und 93

Der Architekt Douglas Graf operiert ebenfalls mit Diagrammen, die keine unabhängige Wirklichkeit repräsentieren. Für Graf vermittelt das Diagramm nicht nur zwischen den Typologien, die die Komponenten einer architektonischen Komposition bestimmen, sondern auch zwischen den spezifischen Eigenschaften eines bestimmten Gebäudes und den allgemeinen Eigenschaften, die einen spezifisch architektonischen Diskurs konstituieren, sowie zwischen der Stasis der Konfiguration und der Dynamik der Operation. Um zu verstehen, was Graf damit meint, wird an

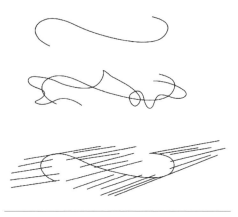

Abb. 92: UN Studio, Zeichnung von Paul Klee als Diagramm für das Möbius House

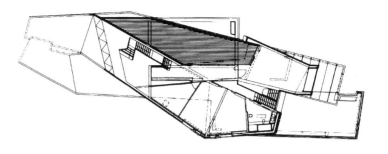

Abb. 93: UN Studio, Möbius House

dieser Stelle ein konkretes Beispiel betrachtet, nämlich seine Interpretation von Frank Gehrys Entwurf für das Familian House (1978). Graf versuchte nicht, Gehrys Absichten zu ergründen, sondern wollte herausfinden, auf welche Weise der Bauplan ein Spiel von Zentrum contra Rand und von Offenheit contra Geschlossenheit bewirkt. > Abb. 94

Das Haus besteht aus zwei Hauptelementen, einem quadratischen Pavillon und einem linearen Riegel. Der Pavillon kann als Zentrum betrachtet werden, das von einem äußeren, durch den Riegel definierten Rand umrahmt wird. Werfen wir zunächst einen näheren Blick auf diesen Riegel. > Abb. 95 Während man sich vorstellen kann, dass eine unendliche Linie aus identischen Punkten besteht, verhält es sich bei einer endlichen Linie anders, denn diese ist nicht so homogen: Die Endpunkte der Linie unterscheiden sich von den übrigen Punkten, und außerdem implizieren die Enden einen Mittelpunkt (a). Gehrys Riegel erkennt diese unterschiedlichen, in jeder linearen Struktur vorhandenen Bedingungen an. Er kennzeichnet den Mittelpunkt des Riegels mit einem Leerraum und lenkt die Aufmerksamkeit auf die Schmalseiten des Riegels, indem er diese auf sehr unterschiedliche Weise gestaltet: geschlossen und vollkommen die eine, die andere offen, wenn nicht sogar in Auflösung begriffen (b). Der Kontrast zwischen offen und geschlossen wird auch an den Längsseiten des Riegels wiederholt. Während die dem Kubus zugewandte Seite glatt und geschlossen ist, verfügt die rückwärtige Fassade über eine Reihe von Elementen, darunter ein Balkon und eine Treppe, die beide vom Riegel auskragen. Diese auskragenden Elemente definieren eine Schicht, die im Inneren des Riegels der vom Innenkorridor gebildeten Schicht entspricht. Gehry suggeriert somit eine symmetrische Anordnung des zentralen Flurs, doch anschließend destabilisiert er diese Symmetrie. > Abb. 94 Die Terrasse am Ende des Riegels erscheint erneut als die würfelförmige Baumasse, um die herum neues, weiß ummanteltes Material versammelt wird, um einen quadratischen Pavillon entstehen

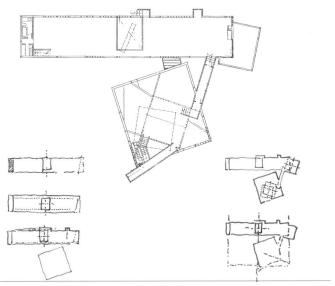

Abb. 94: Frank Gehry, Familian House, Grundriss OG

zu lassen (c). Riegel und Pavillon werden durch eine pentagonale Geometrie in Schach gehalten (d).

Der Entwurf für das Familian House weist auch eine konsistente geometrische Anordnung auf, wie man sie bei Gehry eigentlich nicht er-
wartet. Die scheinbar willkürlichen Winkel der Brücken und das gedrehte
Quadrat stammen von einem regelmäßigen Fünfeck. Werden zwei iden-
tische Fünfecke gezeichnet, kann der Pavillon auf den Riegel sowie auf
den zentralen Flur bezogen werden. Die Mittelachse des Pavillons über-
schneidet sich mit der Mittelachse des Riegels, sofern die gesamte Ausdehnung des Riegels berücksichtigt wird. Der Flur korrespondiert mit dem
Balkon am Ende des Riegels. Die Breite des Riegels ist im gleichen pro-
portionalen Verhältnis auch auf dessen Länge bezogen: Die Diagonale der
einen Hälfte des Riegels verläuft parallel zur Seite des Pavillons (e).

Während der Stil oder die Formensprache des Familian House Gehrys
idiosynkratische Spielart des Dekonstruktivismus widerspiegelt, handelt
es sich bei den Themen, die sein Entwurf anspricht, um zeitlose Grund-
fragen der Architektur. Graf weist darauf hin, dass ähnliche Problemstel-
lungen und Lösungen zum Beispiel in der Akropolis von Pergamon zu finden sind, aber auch in Le Corbusiers Kapelle (1954) in Ronchamp. Die
gleichen formalen Motive, darunter das eines hervortretenden Zentrums,
Zweikernigkeit, Rand contra Objekt, Symmetrie und deren Leugnung, werden bei dem Entwurf in allen möglichen Maßstäben durchgespielt.

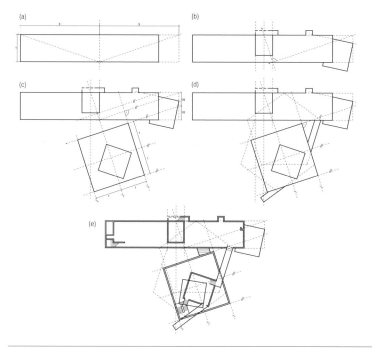

Abb. 95: Frank Gehry, Familian House, generative Diagramme zur Herleitung des Entwurfs

PARAMETRISCHER ENTWURF

Bei einem parametrischen Entwurf wird eine Anzahl von unabhängigen Parametern ausgewählt, die nach bestimmten Kriterien systematisch variiert werden, um nicht nur „ein" Objekt zu erhalten, sondern auch eine Reihe von Variationen. Für gewöhnlich wird diesen Parametern eine geometrische Interpretation gegeben.

Die geometrisch betriebene Morphogenese wird meist nur im Kontext der neueren, computergestützten Entwurfssysteme diskutiert, doch ähnliche Ideen wurden bereits zu Beginn des in diesem Essay behandelten Zeitraums erforscht. Antoni Gaudí ersann nicht nur ungewöhnliche organische Formen, sondern verwendete auch rationale Methoden, um diese Formen auf die gleiche Weise zu entwickeln und zu optimieren, wie es heutige Architekten tun. Das beste Beispiel für Gaudís parametrische Entwürfe ist das berühmte Hängemodell aus Schnüren und an ihnen befestigten Gewichten, das er für die Kapelle der bei Barcelona gelegenen Colonia Güell (1898–1915) verwendete. > Abb. 96

Um zu verstehen, wie diese Methode funktioniert, muss die katenarische (lateinisch: „catenarius", „zur Kette gehörig") Kurve erläutert werden: Wird eine vollkommen elastische und in allen Teilen gleich schwere

Kette (oder Schnur) an ihren Endpunkten aufgehängt und wirkt auf sie keine andere Kraft ein als die Gravitation, so wird sie eine auch als „Kettenlinie" bezeichnete, parabelähnliche Form annehmen. Dies ist, grob gesagt, die für Hängebrücken wie zum Beispiel die Golden Gate Bridge in San Francisco charakteristische Form, bei der sich das Gewicht der Fahrbahn gleichmäßig auf die über ihr hängenden Drahtseile verteilt. Auf eine Kette, die in einer katenarischen Kurve herabhängt, wirken nur Zugkräfte. Dreht man diese Form jedoch um 180°, so ergibt sich ein Bogen, auf den nur Druckkräfte wirken. Anders formuliert: Das Gewicht des Materials wirkt entlang der Kurve, ohne dass dabei Querkräfte erzeugt werden. Eero Saarinens Gateway Arch (1947–1966) in St. Louis, USA, stellt eine enge Annäherung an die Kettenlinie dar. > Abb. 97

Obwohl ein katenarischer Bogen keine Querkräfte erzeugt, die ihn zerstören könnten, stellt er nur eine zweidimensionale Struktur dar, die leicht umfallen könnte, etwa durch Einwirkung der Windkraft. Daher wird der katenarische Bogen in architektonischen Zusammenhängen oftmals horizontal ausgedehnt, sodass ein Gewölbe entsteht. Ein Beispiel hierfür stellt der Bogen des Palastes (400 n. Chr.) in Ktesiphon, Iran, dar. > Abb. 98 Der Bogen kann auch entlang seiner Mittelachse gedreht werden, um eine katenoide Kuppel entstehen zu lassen, wie im Inneren der Kuppel der von Christopher Wren entworfenen St. Paul's Cathedral in London (1673).

Gaudí wollte sich der Kettenlinie bedienen, um eine ideale, dreidimensionale Kirchenkonstruktion zu entwickeln. In der Architektur der römischen Antike basierten Bogen, Gewölbe und Kuppeln für gewöhnlich auf dem Kreis. Die Baumeister der Gotik fanden heraus, dass die gleiche Spannweite mit weniger Material ausgedehnt werden kann, wenn sie die Bögen oder das Gewölbe spitzer gestalteten, da die Querkräfte dann

Abb. 96: Antoni Gaudí, Colonia Güell, Innenansicht der Krypta

Abb. 97: Eero Saarinen, Gateway Arch in St. Louis

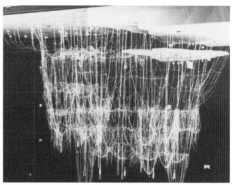

Abb. 98: Gewölbe in Ktesiphon nach der Kettenlinie   Abb. 99: Antoni Gaudí, Hängemodell aus Kettenlinien

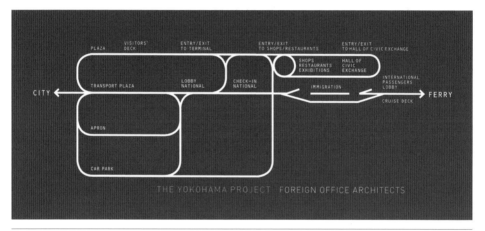

Abb. 100: Foreign Office Architects, Yokohama Hafen-Terminal, Zirkulationsdiagramm

schwächer waren. Trotzdem ist der gotische Bogen oder Spitzbogen keineswegs vollkommen: Um den Querkräften entgegenzuwirken, brachten die gotischen Baumeister an der Außenseite ihrer Bauwerke Stützstreben an. Ein katenarischer Bogen, ein aus der gleichen Form entwickeltes Gewölbe oder eine katenoide Kuppel bedürfen jedoch keiner zusätzlichen Stütze.

Gaudís riesiges (4 × 6 Meter großes) Hängemodell basierte auf Kettenlinien. Er begann mit einem System von Schnüren, an denen zunächst keine Gewichte befestigt waren, und dann variierte er nach und nach die Länge der Schnüre, die Punkte, an denen sie verbunden waren, die an ihnen befestigten Gewichte usw. Jede zusätzliche Verbindung und jedes zusätzliche Gewicht veränderte die Form der gesamten Oberfläche auf dramatische Weise, genau so, wie es beim parametrischen Entwurf geschieht. Gaudí ließ jede Konfiguration fotografieren und traf anschließend seine endgültige Entscheidung, die auf den räumlichen Effekten basierte, wie er sie sich vorgestellt hatte. Auf diese Weise war er auch ohne Computer in der Lage, die komplexen Oberflächen mit äußerster Präzision zu bestimmen, und konnte sich sicher sein, dass die aus diesem Verfahren resultierende Geometrie allein auf Grund der Druckkräfte stabil war, wenn man sie hinterher auf den Kopf stellte. > Abb. 99

Während Gaudís Hängemodell eine Möglichkeit zur Bestimmung der optimalen Konstruktion für eine gegebene Plantypologie darstellt, konzipierten die Foreign Office Architects (Farshid Moussavi und Alejandro Zaera-Polo) ihren Entwurf für das Hafenabfertigungsgebäude (1996–2001) in Yokohama als eine Interaktion zwischen drei Faktoren: Programm, Umgebung und Eigenschaften der Baumaterialien. Da das Gebäude ein Terminal für Schiffe sein sollte, interpretierten die Architekten das Programm des Gebäudes weitgehend im Sinne seiner Erschließung. Meist ist ein Transportabfertigungsgebäude ein Tor für Ankunft und Abreise, doch Moussavi und Zaera-Polo wollten ein Bewegungsfeld ohne eindeutige Orientierung definieren. Sie separierten die Erschließung für Fußgänger, Autos, Lastwagen usw. und gaben jeder dieser Verkehrsarten die Form einer Schleife. > Abb. 100

Ein weiteres Anliegen der Architekten bestand darin, eine Mischform aus Schuppen und Pier zu schaffen, indem sie die Horizontalebene so bearbeiteten, dass diese auch Räume umschließen konnte. Auf diese Weise wurden die Formen des ursprünglichen Piers gleichsam gefaltet, um ein mehrgeschossiges Gebäude zu erschaffen, das organisch aus dem Boden zu wachsen scheint. Die dritte Aufgabe bestand darin, die baulichen Möglichkeiten der gewählten Materialien, Beton und Glas, zu untersuchen. Dabei ging es vor allem um die Frage, welche Spannweiten und Auskragungen möglich waren. > Abb. 101 und 102

Beim parametrischen Entwurf setzt der Architekt keine von oben nach unten entwickelte architektonische Gestalt durch, sondern arbeitet vielmehr mit Hilfe einer kumulativen Berechnung der Parameter von unten nach oben, wobei er eine unerwartete Form aus einem Computeralgorithmus entstehen lässt. Diese Computerisierung des Entwurfsprozesses hat noch weitere Implikationen: Anstatt ein individuelles Objekt zu entwerfen, definiert der Architekt einen elementaren Gebäudetyp, der an den jeweiligen Kontext angepasst und entsprechend den Wünschen des jeweiligen Bauherrn modifiziert werden kann. Ein Beispiel dafür ist das Variomatic House, das der niederländische Architekt Kas Oosterhuis Ende der 1990er Jahre vorstellte: Auf einer Website konnte der Bauherr den Entwurf mit Hilfe einer für Computerspiele entworfenen Software umgestalten. Die von ihm überarbeiteten Spezifikationen konnten direkt an die Firmen geschickt werden, die die verschiedenen

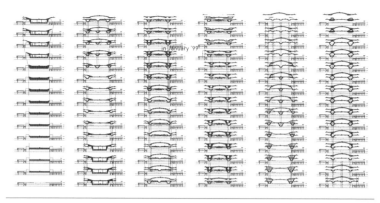

Abb. 101: Foreign Office Architects, Yokohama Port Terminal, Schnitte

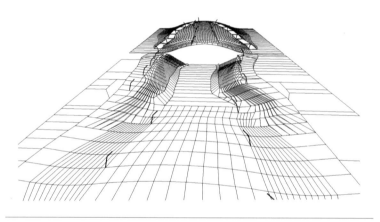

Abb. 102: Foreign Office Architects, Yokohama Port Terminal, Grundebene

Komponenten des Hauses herstellten. Der parametrische Entwurf kann mit kundenindividueller Massenproduktion und computergestützten Herstellungsverfahren kombiniert werden, was wiederum die Vorzüge einer kostengünstigen industriellen Produktion mit der Berücksichtung spezifischer Bauherrenwünsche kombiniert. Dies ist seit jeher ein Merkmal des traditionellen architektonischen Entwurfs gewesen. Indem sie den Bauherrn aktiv an der Gestaltung des architektonischen Objekts teilnehmen lassen, schlagen die parametrischen Methoden ein neues Kapitel im Entwurf von Architektur auf.

Praktische Hinweise

Unterschiedliche Entwurfsaufgaben verlangen nach unterschiedlichen Entwurfsmethoden. Wird ein neuer Wohnblock in ein altes Stadtgewebe eingefügt, so empfiehlt es sich in der Regel, kontextuell zu arbeiten. Im Unterschied dazu bringen aleatorische Systeme wie die surrealistischen und die dekonstruktivistischen Methoden meist ungewöhnliche Formen hervor, die viel Aufmerksamkeit auf sich ziehen und für gewöhnlich hohe Baukosten verursachen.

Wird hingegen ein Entwurf benötigt, der kostengünstig realisiert werden kann, so ist ein modularer Ansatz eine vielversprechende Option. Die Modifizierung eines typologischen oder tatsächlich existierenden Vorbilds kann eine wirksame Methode sein, um den Benutzern ein verwirrendes Programm verständlich zu machen. Die Einbeziehung der Benutzer in den Planungsprozess kann zu einem guten Ergebnis führen, wenn sie Instrumente erhalten, die es ermöglichen, eine Wahl zwischen mehreren relevanten Alternativlösungen zu treffen. Parametrische Entwürfe sind am überzeugendsten, wenn es einen Grund dafür gibt, eine Reihe von ähnlichen Elementen mit Variationen zu produzieren. Jede Methode hat ihre Stärken und ihre Schwächen.

Eine dieser Methoden ist auch die Intuition. Manche Architekten, zum Beispiel Frank Lloyd Wright, behaupten, sie hätten ihre Entwürfe mit allen Details im Traum empfangen. Ob dies nun wahr ist oder nicht, Inspiration allein reicht nicht aus. Nach dem Philosophen Karl Popper können wir zwischen dem Kontext der Entdeckung und dem ihrer Rechtfertigung unterscheiden. So mag Isaac Newton dazu inspiriert worden sein, das Gravitationsgesetz zu formulieren, weil ihm ein Apfel auf den Kopf gefallen war. Doch seine Theorie ist vor allem deshalb gerechtfertigt, weil sie mit den Tatsachen und mit anderen Theorien übereinstimmt und weil Newton dies zu erkennen vermochte. Wie Louis Pasteur 1854 anmerkte, begünstigt der Zufall nur den vorbereiteten Geist.

Was wir Intuition nennen, könnte vielleicht besser als Sachverstand bezeichnet werden: Nur wer das Wissen seines Fachgebiets so weit verinnerlicht hat, dass er (oder sie) binnen kürzester Zeit zu richtigen Lösungen gelangen kann, schafft dies auch ohne bewusste Überlegung. In diesem Sinne ist Intuition für Architekten unverzichtbar, ob sie nun eine spezifische Entwurfsmethode anwenden oder nicht. Die beschriebenen Methoden können dem Architekten helfen, einen komplexen Entwurf zu entwickeln, ohne verzweifelt auf eine Inspiration zu warten, aber sie sind nicht der Garant für eine gute Lösung. Um zu erkennen, welcher Entwurf der beste ist, muss ein Architekt den architektonischen Diskurs verinnerlicht haben und die Rolle der Architektur in der Gesellschaft verstehen. Dieses Verständnis ist es letztlich, was den architektonischen Sachverstand ausmacht.

Anhang

LITERATUR

Christopher Alexander: *Eine Muster-Sprache. Städte, Gebäude, Konstruktion,* 2., verbesserte Auflage, Löcker Verlag, Wien 2011

Peter Eisenman: *Diagram Diaries,* Thames & Hudson, London 1999

Foreign Office Architects: *The Yokohama Project,* Actar, Barcelona 2002

Jacqueline Gargus: *Ideas of Order,* Kendall-Hunt, Dubuque, Iowa 1994

Douglas E. Graf: *Diagrams,* in: *Perspecta* Vol. 22, 1986, S. 42–71

Bill Hillier, Julienne Hanson: *The Social Logic of Space,* Cambridge University Press, Cambridge 1988

Greg Lynn: *Animate Form,* Princeton Architectural Press, New York 1999

William John Mitchell: *The Logic of Architecture: Design, Computation, and Cognition,* MIT Press, Cambridge, Mass. 1990

Elizabeth Martin: *Architecture as a Translation of Music,* Princeton Architectural Press, New York 1996

Mark Morris: *Automatic Architecture, Design from the Fourth Dimension,* University of North Carolina – College of Architecture, Charlotte 2006

Colin Rowe: *Die Mathematik der idealen Villa und andere Essays,* Birkhäuser Verlag, Basel 1998

Robert Venturi: *Mutters Haus. Die Entstehung von Vanna Venturis Haus in Chestnut Hill,* LinkWiese Verlag, Basel 1992

BILDNACHWEIS

Abbildungen 35, 36, 61, 62, 63, 68, 85, 94, 95: Stefan Arbeithuber (Zeichnungen)

Abbildungen 20, 71, 72, 73, 74, 75, 78, 79, 97, 98: Kari Jormakka (Fotos, Zeichnungen)

Abbildungen 19, 70, 80, 81: Claudia Kees (Zeichnungen)

Abbildungen 1, 5, 10, 14, 38, 82, 86: Dörte Kuhlmann (Fotos, Zeichnungen)

Abbildungen 70, 83, 84, 87, 88, 89, 91: Marta Neic (Nachzeichnungen)

Abbildungen 11, 12, 17, 18, 21, 45, 51, 65, 66, 69, 101, 102: Alexander Semper (Nachzeichnungen)

Abbildungen 13, 15, 16, 23, 26, 31, 32, 54, 55, 56, 58, 59, 60, 64, 70, 92, 93: Christina Simmel (Zeichnungen, Nachzeichnungen)

Abbildungen 2, 3, 4, 6, 7, 8, 9, 24, 25, 27, 28, 29, 30, 33, 34, 37, 39, 41, 42, 43, 44, 46, 47, 48, 49, 50, 52, 53, 57, 67, 76, 77, 90, 96, 99, 100: Bilderarchiv Institut für Architekturwissenschaften, TU Wien

AUTOREN

Kari Jormakka, 1959–2013, O. Univ. Prof. Dipl.-Ing. Dr. phil., Professor
      am Lehrstuhl für Architekturtheorie, Technische Universität Wien

Oliver Schürer, Autor, Kurator, Editor sowie Senior Scientist am
      Lehrstuhl für Architekturtheorie, Technische Universität Wien

Dörte Kuhlmann, Ao. Univ. Prof. Dipl.-Ing. Dr.-Ing., Lehrstuhl
      für Architekturtheorie, Technische Universität Wien

Wissenschaftliche Mitarbeit

Gareth Griffiths, March., Liz. Tech., Lektor, Otaniemi University
      of Technology, Finland

Alexander Semper, Dipl.-Ing. Studienassistent Lehrstuhl für
      Architekturtheorie, Technische Universität Wien

Grafik Methodenbeispiele

Claudia Kees

Stefan Arbeithuber

Redaktionelle Mitarbeit

Christina Simmel, Studienassistent Lehrstuhl für Architekturtheorie,
      Technische Universität Wien

Marta Neic, Studienassistent Lehrstuhl für Architekturtheorie,
      Technische Universität Wien

Reihenherausgeber: Bert Bielefeld
Konzept: Bert Bielefeld, Annette Gref
Layout und Covergestaltung: Andreas Hidber
Satzherstellung und Produktion: Amelie Solbrig

Library of Congress Cataloging-in-Publication
data
A CIP catalog record for this book has been
applied for at the Library of Congress.

Bibliografische Information der Deutschen
Nationalbibliothek
Die Deutsche Nationalbibliothek verzeichnet
diese Publikation in der Deutschen National-
bibliografie; detaillierte bibliografische Daten
sind im Internet über http://dnb.dnb.de
abrufbar.

Dieses Buch ist auch in englischer
(ISBN 978-3-03821-520-2) und französischer
Sprache (ISBN 978-3-7643-8464-7) erschienen.

© 2016 Birkhäuser Verlag GmbH, Basel
Postfach 44, 4009 Basel, Schweiz
Ein Unternehmen der Walter de Gruyter GmbH,
Berlin/Boston

Gedruckt auf säurefreiem Papier, hergestellt
aus chlorfrei gebleichtem Zellstoff. TCF ∞

Printed in Germany

ISBN 978-3-0356-1032-1

9 8 7 6 5 4 3 2 1

www.birkhauser.com